Aus Natur und Geisteswelt
Sammlung wissenschaftlich-gemeinverständlicher Darstellungen

762. Band

Die Reichsverfassung vom 11. August 1919

Mit Einleitung, Erläuterungen und Gesamtbeurteilung

Von

Dr. Ottmar Bühler
a. o. Prof. der Rechte a. d. Unversität Münster

Springer Fachmedien Wiesbaden GmbH 1922

Ursprünglich erschienen bei B.G. Teubner in Leipzig 1922.

ISBN 978-3-663-15503-4 ISBN 978-3-663-16075-5 (eBook)
DOI 10.1007/978-3-663-16075-5

Zu Staat und Recht

sind bisher erschienen:

Verfassungsgeschichte und -recht

Deutsche Verfassungsgeschichte. Vom Anfange des 19. Jahrh. bis zur Gegenwart. Von Prof. Dr. M. Stimming. (Bd. 639.)

Die neue Reichsverfassung vom 11. August 1919. Mit Einleitung, Erläuterungen und Gesamtbeurteilung. Von Prof. Dr. O. Bühler. (Bd. 762.)

Deutsches Verfassungsrecht in geschichtlicher Entwicklung. Von Professor Dr. Ed. Hubrich. 2. Auflage. (Bd. 80.)

Verfassung und Verwaltung der deutschen Städte. Von Dr. M. Schmid. (Bd. 466.)

Politik und ihre Hauptprobleme

***Weltkultur und Weltpolitik in ihrer Entwicklung vom 19. bis zum 20. Jahrhundert.** Von Studienrat H. Preller. (734.)

Umrisse der Weltpolitik. Von Prof. Dr. J. Hashagen. 2 Bde. I. 1871 bis 1907. 2. Aufl. II. 1908 bis 1914. 2. Aufl. (Bd. 553/54.)

Politische Hauptströmungen in Europa im 19. Jahrh. Von Prof. Dr. K. Th. v. Heigel. 4. Aufl. von Dr. Fr. Endres. (Bd. 129.)

Vom deutschen Volk zum deutschen Staat. Eine Geschichte des deutschen Nationalbewußtseins. 2. Aufl. Von Professor Dr. P. Joachimsen. (Bd. 511.)

Staat und Kirche in ihrem gegenseitigen Verhältnis seit der Reformation. Von Pfarrer Dr. phil. A. Pfannkuche. (Bd. 485.)

Die Ostmark. Eine Einführung in die Probleme ihrer Wirtschaftsgeschichte. Von Professor Dr. W. Mitscherlich. (Bd. 351.)

Soziale Theorien und Sozialpolitik

Soziale Kämpfe im alten Rom. Von Dr. L. Bloch. 4. Aufl. (22.)

Soziale Bewegungen und Theorien bis zur modernen Arbeiterbewegung. Von G. Maier. 6. Auflage. (Bd. 2.)

Rousseau. Von Professor Dr. P. Hensel. 3. Auflage. Mit 1 Bildnis. (Bd. 180.)

Die großen Sozialisten. Von Dr. Fr. Muckle. 2 Bde. 4. Aufl. Bd. I: Owen, Fourier, Proudhon. Bd. II: Saint-Simon, Pecqueur, Buchez, Blanc, Rodbertus, Weitling, Marx, Lassalle. (Bd. 269/70.)

Karl Marx. Versuch einer Würdigung. 4. Aufl. Von Prof. Dr. R. Wilbrandt. (Bd. 621.)

Grundzüge der Volkswirtschaftslehre. Von Professor Dr. G. Jahn. (Bd. 593.)

Kriegsbeschädigtenfürsorge. In Verbindung mit Medizinalrat Dr. Rebentisch, Direktor d. Städt. Arbeitsamts Dr. P. Schlotter, Gewerbeschuldirektor H. Back herausg. von Prof. Dr. S. Kraus, Leiter des Städt. Fürsorgeamtes für Kriegshinterbliebene in Frankfurt a. M. (Bd. 523.)

Arbeiterschutz und Arbeiterversicherung. Von Geh. Hofrat Prof. Dr. O. v. Zwiedineck-Südenhorst. 2. Aufl. (Bd. 78.)

Grundzüge des Versicherungswesens. (Privatversicherung). Von Professor Dr. A. Manes. 3., veränd. Aufl. (Bd. 105.)

***Kinderfürsorge.** Von Prof. Dr. Chr. J. Klumker. (Bd. 620.)

ANuG 6: Staat u. Recht. XII. 21.

Vorwort.

Das vorliegende Bändchen soll an die Stelle des von Loening, Grundzüge der Verfassung des Deutschen Reichs, treten. Die neue Verfassung hat ein vollständig neues Werk nötig gemacht.

Die jetzige Reichsverfassung steht in ganz anderm Maß im Mittelpunkt unseres ganzen Staatslebens als die frühere, und sie muß daher sehr viel mehr als diese es war, Gemeingut des ganzen Volkes werden. Alle Erfahrungen der Rechtslehre sprechen nun aber dafür, daß dies in erster Linie durch Verbreitung genauer Kenntnis des Verfassungstextes zu erreichen ist. Darum ist für die folgende Darstellung die Form eines freien Kommentars gewählt worden, der also **den vollständigen Wortlaut der Verfassung** bringt und die einzelnen Artikel erläutert. Die Erläuterungen haben nicht sowohl zum Ziel, eine vollständige juristische Auslegung zu geben, als vielmehr im Sinn einer politischen Beschreibung die Wirkungen der einzelnen Bestimmungen im politischen Leben aufzuzeigen. Die wichtigsten Verfassungsnebengesetze, die nunmehr ja ziemlich vollständig vorliegen, sind bis einschließlich desjenigen über den Staatsgerichtshof vom 9. Juli 1921 angeführt und nach ihrer Bedeutung gekennzeichnet. Vorangeschickt ist eine geschichtliche Einleitung, die namentlich die Reichsverfassung von 1871 unter Wiedergabe ihrer wichtigsten Bestimmungen im Wortlaut darstellt, weil die Erfahrung gezeigt hat, daß diese für das politische Verständnis unserer jüngsten Vergangenheit wie auch des neuen Rechts so wichtige Verfassung gar zu schnell dem Gedächtnis der neuen Generation entschwindet. Auch die Entwicklung der Landesverfassungen im 19. Jh. und jetzt nach dem Umsturz ist berücksichtigt; die Neufassungen, die sie erfahren haben, sind vollständig aufgezählt.

Daß die Darstellung sich der politischen Stellungnahme zu enthalten hatte, war selbstverständlich. Dies brauchte sachliche Kritik nicht auszuschließen; sie ist im Schlußabschnitt nach verschiedenen Richtungen versucht.

Münster, September 1921.

Der Verfasser.

Inhalt.

A. Geschichtliche Einleitung.

Schrifttum zur neuen Reichsverfassung.

Kommentare von Anschütz (Berlin 1921), Giese (4. Aufl. Berlin 1921), Poetzsch (2. Aufl. Berlin 1921). Die systematischen Zusammenhänge und die politische Tragweite der einzelnen Bestimmungen berücksichtigt von diesen Kommentaren am meisten derjenige von Anschütz, dem sich die folgende Darstellung auch weitgehend angeschlossen hat. — Systematische Darstellung von Stier-Somlo, Reichsverfassung 2. Aufl. Bonn 1921. Giese, Grundriß des neuen Reichsstaatsrechts, 1921. Meißner, Das neue Staatsrecht des Reichs und seiner Länder. Berlin 1921. Hubrich, Das demokratische Verfassungsrecht des Deutschen Reiches 1921.

A. Geschichtliche Einleitung.

1. Überblick über die deutsche Verfassungs-Entwicklung vom Anfang des 19. Jahrhunderts bis zum Ende des Deutschen Bundes 1866.

Literatur: H. von Treitschke, Deutsche Geschichte im 19. Jahrhundert (—1848), 5 Bde. 1879 ff. — F. Meinecke, Weltbürgertum und Nationalstaat. 5. Aufl. 1919. — Hartung, Deutsche Verfassungsgeschichte vom 15. Jahrhundert bis zur Gegenwart. (Grundriß der Geschichtswissenschaft II 4.) 2. Aufl. 1921. — G. Meyer-Anschütz, Lehrbuch des Deutschen Staatsrechts. 7. Aufl. 1914/1919. — Stoerk-v. Rauchhaupt, Handbuch der Deutschen Verfassungen, 2. Aufl. 1913. Stimming, Deutsche Verfassungsgeschichte vom Anfang des 19. Jahrhunderts bis zur Gegenwart, Nr. 639 dieser Sammlung. Joachimsen, Vom Deutschen Volk zum Deutschen Staat, Nr. 511 dieser Sammlung. Adolf Rapp, Der Deutsche Gedanke, seine Entwicklung im politischen und geistigen Leben seit dem 18. Jahrhundert, 1921.

Im Zustand tiefster staatlicher Zerrüttung war Deutschland ins 19. Jh. eingetreten. Das Heilige Römische Reich Deutscher Nation lag in den letzten Zügen; es hatte die Kraft nicht mehr gehabt, die deutschen Länder und Stämme zu erfolgreicher Abwehr des Ansturms seines eroberungssüchtigen westlichen Nachbarn zu einen, und von den Staaten, die unter seiner längst nicht mehr wirksam schützenden Hülle herangewachsen, war doch keiner so stark, daß er die Führung Deutschlands schon mit Erfolg hätte übernehmen können. Der Friede von Luneville (1801) riß das ganze linke Rheinufer vom Reiche los. Der Reichsdeputations-Haupt-Schluß von 1803, der die Entschädigung für die durch jenen Frieden deutschen Fürsten entrissenen Gebiete festzusetzen hatte, brachte zwar eine große Zahl bisheriger Reichsstädte und kleiner Territorien zum Verschwinden und bewirkte so in letzter Stunde eine wohltätige Vereinfachung der R. V., aber das Ende des Reichs war nicht mehr aufzuhalten. Als im Juli 1806 sechzehn deutsche Fürsten die Rheinbundsakte unterzeichnet hatten und daraufhin am 1. Aug. 1806 sich förmlich vom Reich lossagten, legte am 6. Aug. 1806 Kaiser Franz II., der schon 1804 den Titel eines Kaisers von Österreich angenommen hatte, die römisch-deutsche Kaiserkrone nieder. Damit hörte das Reich auch formell auf zu bestehen.

Eine sehr interessante Betrachtung des Verfassungszustands Deutschlands in diesen letzten Jahren des Reichs gibt uns eine lange Zeit nicht gewürdigte Schrift des Philosophen Hegel, Die Verfassung Deutschlands (geschrieben 1801—02, zum erstenmal vollständig veröffentlicht 1893, jetzt neu herausgegeben von Heller in Reclams Büchern für staatsbürgerliche Bildung, 1920). Mit einem Scharfsinn, der dem 31jährigen nicht eigentlich juristisch Gebildeten höchste Ehre macht, untersucht hier Hegel, ausgehend vom Begriff des Staats und seinen Machtgrundlagen das staatliche Gebilde, das das Deutsche Reich damals darstellte und das er selbst als Staat nicht mehr gelten läßt, er betrachtet den Verfall seiner Kriegsmacht, seiner Finanzen, die Abbröckelung seines Gebiets, die Reste seiner Rechtsorganisation. Den Prozeß der Auflösung des Reichs und der Verselbständigung der Territorien vergleicht er mit der Entwicklung anderer europäischer Staaten und schließt mit Betrachtungen darüber, unter welchen Umständen die Einigung Deutschlands, die ihm aus nationalen Gründen nötig erscheint, wirklich durchgeführt werden könnte. Wegen der Entschiedenheit, mit der Hegel hierbei die Macht als die Grundlage aller Staatsbildung hinstellt — eben weil er zu dem Schluß kommt, daß das alte Reich zwar die wohlerworbenen Rechte der kleinen Fürsten usw. immer getreu gewahrt, aber darüber den Machtgesichtspunkt vernachlässigt hatte und daran zugrunde ging — ist die Schrift gerade jetzt höchst wichtig für die Erklärung der Entstehung des Deutschen Machtstaatsgedankens. Eine eingehende Würdigung derselben unter diesem Gesichtspunkt bringt Heller, Hegel und der nationale Machtstaatsgedanke in Deutschland, 1920. Vgl. jetzt auch Rosenzweig, Hegel und der Staat, 1921.

Zunächst konnte an einen Ersatz für das untergegangene Reich nicht gedacht werden, die nächsten Jahre brachten ja den Zusammenbruch Preußens, schwere Fremdherrschaft, dauernde Kriege.

Erst nach den siegreichen Befreiungskriegen wurde dieser Gedanke wieder aufgenommen. Mit ihm zugleich aber kam in Fluß die Frage der innerstaatlichen Verfassungen der deutschen Einzelstaaten.

Die Entwicklung dieser beiden Bewegungen hier näher zu schildern, ist nicht möglich[1]), es können nur ihre wichtigsten äußeren Daten gegeben und eine kurze rechtliche Würdigung der in ihrem Verlauf entstandenen Staatsformen versucht werden.

I. Der Deutsche Bund (1815—1866).

Die Bestrebungen nach einer neuen staatsrechtlichen Gesamtorganisation der Länder und Völker Deutscher Nation führten mit dem Deutschen Bund zunächst zu einer sehr unvollkommenen Schöpfung. Gegründet auf dem Wiener Kongreß von 39 deutschen Für-

1) Verwiesen sei insbesondere auf die zusammenfassende Darstellung von Stimming (s. o. Literaturverzeichnis) und für die Entwicklung der nationalen Idee jetzt vor allem auf das erwähnte Buch von Rapp.

sten und Städten und tätig hauptsächlich in dem Bundestag in Frankfurt, einem ständigen Gesandtenkongreß, ist er das Hauptbeispiel für einen bloßen Staatenbund gewesen, der im Gegensatz zum Bundesstaat nur ein sehr loses Band um die in ihm vereinigten Staaten schloß, namentlich auf eine unmittelbar die Untertanen verpflichtende Gesetzgebung verzichtete; überhaupt ließ er den Mitgliedern im Innern soviel Selbständigkeit, daß man in der Tat von einer Fortdauer ihrer Souveränität sprechen konnte. In Wirklichkeit ist freilich dieser Deutsche Bund doch nicht ganz und gar nur ein völkerrechtliches Verhältnis zwischen den deutschen Staaten gewesen; er sollte mindestens in der Erwartung des Volkes mit der Zeit eine engere Zusammenfassung bilden. Aber der Dualismus zwischen Preußen und Österreich, wie auch die eifersüchtige Sorge der Mittel- und Kleinstaaten um ihre Souveränität ließen es zu mehr nicht kommen. Eine irgendwie in den Gefühlen des Volks wurzelnde Schöpfung konnte der Deutsche Bund aber schon deshalb nicht werden, weil er Hauptträger des reaktionären Kurses war, der nach 1815 und auch wieder nach 1848 einsetzte.

Nachdem das tiefe Sehnen des deutschen Volkes nach einem wirklichen neuen Reich zu dem großartigen und schließlich doch erfolglosen revolutionären Reichsgründungsversuch von 1848/49 geführt hatte, und auch der preußische Versuch mit der Erfurter Unionsverfassung gescheitert war, wurde der Deutsche Bund 1851 reaktiviert, und er fristete dann noch 15 Jahre lang ein nicht sehr ehrenvolles und durch den immer größer werdenden Gegensatz zwischen Preußen und Österreich zur Unfruchtbarkeit verurteiltes Dasein, bis der offene Konflikt zwischen den beiden Staaten ihn zur Auflösung brachte (1866).

II. Die deutschen Einzelstaatsverfassungen.

Art. 13 der Deutschen Bundesakte von 1815 hatte für alle zum Bund gehörigen deutschen Staaten die Einführung einer „landständischen Verfassung" in Aussicht gestellt. Keineswegs war überall wie in Preußen eine so lange absolutistische Periode zu verzeichnen gewesen, daß darüber die Erinnerung an die landständischen Einrichtungen ganz verblaßt gewesen wäre, sondern mehrere der deutschen Staaten, namentlich Württemberg, Sachsen, Hannover, Braunschweig und Kur-Hessen konnten bei Errichtung der neuen Verfassungen an die noch erhaltenen oder doch nur durch die Zeit der Kriegswirren seit 1806 unterbrochenen ständischen Einrichtungen anknüpfen.

Aber es handelte sich nun nicht, wie jene Bestimmung vermuten ließ, um eine Neubelebung der ständischen Verfassungen, sondern das Ziel war die Einrichtung von Volksvertretungen im modernen Sinn, die auf die Gesetzgebung maßgebenden Einfluß haben sollten.

Nach mannigfachen Verfassungskämpfen, auf die hier nicht eingegangen werden kann, sind diese deutschen Einzelstaatsverfassungen dann in drei Perioden entstanden. Jedesmal haben Erschütterungen des Staatswesens von außen her den Anstoß zu ihrer Förderung geben müssen, erst die Freiheitskriege, dann die Französische Revolution 1830, dann die Ereignisse von 1848, zu denen ja ebenfalls Frankreich den Auftakt gegeben hatte.

1. Verfassungen, die kurz nach 1815 entstanden. Als erster deutscher Staat erhielt Sachsen-Weimar eine Verfassung im modernen Sinn; sie datiert vom 5. Mai 1816, und ihr Zustandekommen war in erster Linie dem Weitblick des Großherzogs Karl August zuzuschreiben. (Goethe dagegen, der damals in Weimar Minister war, stand dieser Neuerung wie überhaupt allem Demokratischen innerlich ablehnend gegenüber.) Nun folgten die süddeutschen Mittelstaaten, und zwar Bayern am 26. Mai 1818, Baden am 22. Aug. 1818, Württemberg am 25. Sept. 1819. Die badische und die württembergische Verfassung enthielten die meisten demokratischen Elemente, die württembergische einen besonderen Anklang an die Auffassung des ständischen Staats insofern, als sie den Untertanen die Verpflichtung nur zu verfassungsmäßigem Gehorsam auferlegte und damit ein Widerstandsrecht des Volks im Fall des Verfassungsbruchs andeutete. Es ergingen weiter in jener Zeit die später zum Teil wesentlich revidierten Verfassungen von Lippe-Detmold am 8. Juni 1819/6. Juni 1836, Großherzogtum Hessen am 17. Dez. 1820, Schwarzburg-Rudolstadt am 21. April 1821 und 21. März 1854, Sachsen-Meiningen am 4. Sept. 1824 und 23. Aug. 1829.

2. Die zweite Epoche der Verfassungsentwicklung wird durch die französische Julirevolution des Jahres 1830 eingeleitet, die auch in Deutschland so wirkte, daß einige Staaten an ihre Pflicht zur Erfüllung des Art. 13 der Bundesakte erinnert wurden. Damals kam zustande die Verfassung des Königreichs Sachsen vom 4. Sept.

1831, die eine besonders starke Anlehnung an die bis dahin dort erhalten gebliebene ständische Verfassung aufweist; sie wurde als regelrechter Vertragsschluß zwischen dem König und den Ständen betrachtet, der mit gegenseitigem Austausch der Urkunden endete. Ferner entstanden damals die Verfassungen von Kur-Hessen am 5. Jan. 1831, Sachsen-Altenburg am 29. April 1831, Braunschweig am 12. Okt. 1832, Hannover am 26. Sept. 1833.

3. Die Ereignisse der 48er Jahre gaben den Anstoß zur Entstehung der Verfassungen der dritten Periode, vor allem derjenigen Preußens. Vorstufen waren hier gewesen 1823 die Errichtung von Provinzial-Landtagen, die freilich eine altständische Gliederung mit stärkster Bevorzugung des Grundbesitzes aufwiesen, dann die Einberufung eines vereinigten Landtags im Jahre 1847. Aber erst durch die Revolution des Frühjahrs 1848 kam die Verfassungsbewegung ernstlich in Fluß. Sie hatte zur Folge die Wahl und den Zusammentritt einer preußischen Nationalversammlung, die in Berlin gleichzeitig mit der gesamtdeutschen in Frankfurt tagte. Nach zweimaliger Auflösung ihrer 2. Kammer und dem Versuch einer Oktroyierung einer Verfassung (5. Dez. 1848), die dann einer Revision durch die beiden Kammern unterzogen wurde, kam endlich am 31. Jan. 1850 die endgültige preußische Verfassung zustande.

Um jene Zeit erhielten ferner noch ihre Verfassungen Oldenburg am 18. Febr. 1849/22. Nov. 1852, Reuß j. L. am 30. Nov. 1849/14. April 1852, Sachsen-Koburg-Gotha am 3. Mai 1852, Waldeck am 17. Aug. 1852, Schwarzburg-Sondershausen am 8. Juli 1857, Anhalt am 18. Juli/31. Aug. 1859; Reuß ä. L. mit der Verfassung vom 28. März 1867 und Schaumburg-Lippe mit der Verfassung vom 17. Nov. 1868 stehen an letzter Stelle. Nur die beiden Mecklenburg hatten bis zur Revolution von 1918 noch keine konstitutionelle Verfassung erhalten, sondern ihre alte ständische Ordnung beibehalten.

Diese sämtlichen Verfassungen[1]) beruhen auf den gleichen Grund-

1) Die Verfassungen der freien Städte gehören in diese Entwicklung nicht hinein. Sie seien der Vollständigkeit halber aber angeführt. Bremen, das seine alte Verfassung 1813 wieder eingeführt hatte, erhielt eine neue am 5. März 1849, die am 21. Febr. 1854 erheblich geändert wurde; Hamburg hatte eine solche vom 28. Sept. 1860, während die erste einheitliche Verfassungsurkunde von Lübeck vom 8. April 1848 datierte. (Neufassungen 29. Dez. 1851 u. 7. April 1875.)

prinzipien. Man nennt sie konstitutionell-monarchische Verfassungen. Der Sache nach stellen sie eine Vermittlung dar zwischen dem Prinzip der Monarchensouveränität und dem der Gewaltenteilung. Das Prinzip der Monarchensouveränität (oder das monarchische Prinzip) betrachtet als Quelle und Inhaber der ganzen Staatsgewalt den Monarchen, ist also die theoretische Rechtfertigung des Absolutismus. Die Lehre von der Gewaltenteilung in der Ausbildung, wie sie Montesquieu in seinem Werk Esprit des Lois (1748) ihr gegeben hatte, will die monarchische Staatsform bestehen lassen, aber dem Monarchen nur die vollziehende Gewalt zuweisen, während die gesetzgebende Gewalt so gut wie ganz, nämlich vorbehaltlich nur eines schwachen Vetorechts des Monarchen der in zwei Kammern gegliederten Volksvertretung zukommt, und die richterliche Gewalt, die Montesquieu für besonders wichtig und bei Mißbrauch für besonders gefährlich hält, vom Volk gewählten Richtern übertragen wird, die jeweils nur kurze Zeit in Funktion sind. In dieser scharfen Form durchgeführt hätte die Lehre in der Tat eine schwerschädigende Zerreißung der Staatsgewalt bedeutet und wäre sie mit dem Wesen einer Monarchie in Wirklichkeit nicht mehr vereinbar gewesen. Sie ist daher wie schon in der französischen Revolutionsverfassung von 1791, die noch einmal die Monarchie retten sollte, und dann namentlich in der Charte constitutionelle von 1814, der Restaurationsverfassung, die bei Wiedereinsetzung der Bourbonen in Frankreich erlassen wurde, so auch in den deutschen Einzelstaatsverfassungen nur mit wesentlichen Abschwächungen zugunsten stärkerer Rechte des Monarchen durchgeführt worden. Der Landesherr erhielt in diesen deutschen Grundgesetzen nicht nur einen schwachen, sondern sogar einen sehr wesentlichen Anteil an der Gesetzgebung, indem ihm der eigentlich entscheidende Akt, die Sanktion, überlassen blieb, die richterliche Gewalt wurde in seinem Namen und durch von ihm auf Lebenszeit ernannte, im übrigen allerdings unabhängige Richter ausgeübt. Dabei war formell meist ausdrücklich der Monarch als Inhaber der ganzen Staatsgewalt bezeichnet und der Anteil der Volksvertretung, für die in allen größeren und in den Mittelstaaten bis herunter zu Hessen das Zweikammersystem eingeführt war, nur auf die Ausübung der gesetzgebenden Gewalt bezogen. Nach diesen Grundsätzen war namentlich auch die preußische Verfassung von 1850 ausgestaltet;

zwar lehnte sie sich äußerlich besonders stark an die belgische Verfassung von 1831 an, die auf einem ganz andern Prinzip, nämlich dem der Volkssouveränität beruhte; aber der Sache nach war die Stellung des Monarchen auch nach dem Wortlaut der preußischen Verfassung (mehr noch allerdins nach ihrer Anwendung!) so stark oder stärker als die der Landesherrn der deutschen Mittelstaaten, deren Verfassungen mehr die Charte constitutionelle von 1814 zum Vorbild gehabt hatten.

Was die tatsächliche Wirksamkeit dieser Verfassungen und ihre Weiterentwicklung im Laufe des 19. Jh. betrifft, so war von entscheidender Wichtigkeit die Ausgestaltung des Wahlrechts für die zweite Kammer. Dieses Wahlrecht war zunächst nirgends, auch nicht in Württemberg und Baden, wirklich demokratisch ausgestaltet, es begünstigte überall sehr stark den Grundbesitz und sonstigen Vermögensbesitz. Aber während die süddeutschen Staaten in der zweiten Hälfte des 19. Jh. allmählich zum gleichen Wahlrecht übergingen[1]), und so ein wirkliches Verfassungsleben in ihnen sich entwickelte, hat in Preußen bekanntlich der jahrzehntelange Kampf gegen das 1849 durch eine Notverordnung geschaffene Wahlrecht zu keinem Ergebnis geführt, und die in allerletzter Stunde, im Okt. 1918, endlich beschlossene Reform trat nicht mehr ins Leben. Das alte Preußen ist so mit seinem Dreiklassenwahlrecht untergegangen.

2. Die Gründung des Norddeutschen Bundes und des Deutschen Reichs.

Als der Sieg Preußens im Juli 1866 auch Österreich und die übrigen nicht annektierten Einzelstaaten gezwungen hatte, die Auflösung des Deutschen Bundes anzuerkennen und die Zustimmung zu einer neuen Gestaltung Deutschlands ohne Österreich zu geben, waren die Wege für Bismarcks Pläne über die Schaffung eines deutschen Gesamtstaats unter Führung Preußens geebnet. Unter

1) **Württemberg** 1868, **Baden** 1869, im Anschluß an das allgemeine Wahlrecht für den norddeutschen Reichstag und das Zollparlament; **Bayern** führte 1848 das gleiche, aber mittelbare und öffentliche Wahlrecht ein, 1881 die geheime Wahl, 1906 das allgemeine gleiche geheime Wahlrecht. Umgekehrt wurde in **Sachsen** das dort auch 1868 eingeführte gleiche geheime Wahlrecht 1896 ersetzt durch ein Dreiklassenwahlrecht, an dessen Stelle 1909 ein Pluralwahlrecht trat.

dem Namen „Augustbündnis" ist der völkerrechtliche Vertrag bekannt, den Preußen am 18. Aug. 1866 mit den nördlich des Mains belegenen Staaten abschloß und in dem außer einem Angriffs- und Verteidigungsbündnis unter Preußens Führung auch vereinbart wurde, daß innerhalb eines Jahres an die Stelle des Vertrags eine Bundesverfassung treten solle. Ferner verpflichteten sich die Signatarmächte, gemäß dem alten Reichstagswahlgesetz vom 12. April 1849 Wahlen zu einem Bundesparlament auszuschreiben und Bevollmächtigte zur Feststellung eines Verfassungsentwurfs nach Berlin zu entsenden.

Überall stimmten die einzelstaatlichen Landtage der Ausschreibung der Wahlen zu, die dann am 12. Febr. 1867 stattfanden, schränkten aber die im Augustbündnis vorgesehene Aufgabe des zu wählenden Parlaments: „Beratung und Vereinbarung der Verfassung" dahin ein, daß ihm nur die Beratung der Verfassung zukomme, um sich selbst den endgültigen Einfluß auf diese zu sichern.

Am 16. April 1867 erfolgte die Annahme des Verfassungsentwurfs durch die Volksvertretung, am 17. April durch die verbündeten Regierungen. Die Bundesverfassung wurde dann auch in sämtlichen einzelstaatlichen Landtagen angenommen und in den verbündeten Staaten als Gesetz publiziert. Als Anfangstermin für den Norddeutschen Bund wurde der 1. Juli 1867 festgesetzt; damit war der Bund gegründet, ein neuer Staat geschaffen. Der rechtliche Schwerpunkt dieser Staatsgründung lag wohl in der Gesamtheit der Kundgebungen, durch die die Bundesverfassung in den 22 Bundesstaaten von den Regierungen publiziert wurde, sie ist als einheitliche Willenserklärung der beteiligten Staaten, den neuen Bundesstaat zu gründen, aufzufassen.

Der Inhalt der Verfassung von 1867 ist ohne wesentliche Veränderungen dann zu demjenigen der Verfassung von 1871 geworden. Da wir das Reich, das auf der Verfassung von 1871 beruht, als Bundesstaat betrachten, so ist der Norddeutsche Bund von 1867 dies auch schon gewesen.[1])

1) Dem Namen nach stand der Norddeutsche Bund allerdings dem Deutschen Bund näher und auch die Bezeichnung seiner Spitze als „Präsidium des Bundes" ließ ihn jenem ähnlich erscheinen. Das waren aber Äußerlichkeiten, die zum Teil auf Schonung der Gefühle der neuhinzutretenden und noch zu gewinnenden Einzelstaaten berechnet waren, um ihnen die Verminderung ihrer

Der entscheidende Fortschritt gegenüber dem bloßen Staatenbund von 1815 bestand darin, daß in der Verfassung von 1871 dem Gesamtstaat ein umfassendes Recht der Gesetzgebung verliehen war und daß mit dem aus allgemeinen, gleichen und geheimen Wahlen hervorgehenden und daher von Anfang an volkstümlichen Reichstag, ferner mit dem Bundesrat, der sehr umfassende Befugnisse hatte, und dem Bundeskanzleramt oberste Reichsorgane mit großen Wirkungsmöglichkeiten geschaffen waren. Auch in Beziehung auf die Wehrmacht und die Vertretung nach außen war das Selbstbestimmungsrecht der Gliedstaaten so eingeschränkt, daß sie als souverän nun jedenfalls nicht mehr betrachtet werden konnten.

Mit dieser bundesstaatlichen Ausgestaltung und namentlich auch mit dem allgemeinen Reichstagswahlrecht übernahm Bismarck wichtige Elemente der Verfassung der Paulskirche von 1849, deren Arbeit also doch nicht ganz nutzlos gewesen war. Im großen Ganzen war mit der Schöpfung des Norddeutschen Bundes und seiner Verfassung schon ein entwicklungsfähiges Gebilde geschaffen, das sich ohne tiefgreifende Änderungen zum Deutschen Reiche auswachsen sollte.

Durch die zwischen Preußen (später dem Norddeutschen Bunde) und den süddeutschen Staaten schon nach dem Kriege von 1866 abgeschlossenen Verträge militärischer Natur sowie durch die Neuorganisation des Zollvereins und Erweiterung seiner Kompetenzen (1868) wurde schon vor 1870 auf wichtigen Gebieten eine Einigung aller deutschen Staaten ohne Österreich erzielt. Es galt nur noch, die letzten partikularistischen Neigungen zu überwinden, und dazu verhalf der siegreiche Krieg von 1870/71. Im November 1870 erklärten sich Baden, Hessen, Bayern und Württemberg bereit, dem Norddeutschen Bunde beizutreten. Nachdem die einzelnen Landtage den diesbezüglichen Verträgen zugestimmt hatten, traten die letzteren am 1. Jan. 1871 in Kraft. Am 18. Jan. 1871 erfolgte auf Vorschlag des Königs von Bayern die Annahme des Titels Deutscher Kaiser durch König Wilhelm I. im Spiegelsaale zu Versailles, und damit die feierliche Gründung des Deutschen Reichs, das rechtlich aber nur eine Erweiterung des Norddeutschen Bundes darstellt.

Selbständigkeit nicht so zum Bewußtsein zu bringen. Zum Teil freilich wirkte mit, daß die uns heute geläufige Unterscheidung zwischen Staatenbund und Bundesstaat damals noch nicht so feststand.

Der erste deutsche Reichstag trat am 21. März 1871 zusammen. An Stelle der Bundesverfassung trat eine den veränderten Umständen entsprechende Neuredaktion: die Reichsverfassung vom 16. April 1871.

3. Die Reichsverfassung von 1871 und ihre Weiterentwicklung bis Okt. 1918.

Literatur: Das bedeutendste verfassungsrechtliche Werk für die Periode von 1871—1914 ist Laband, Das Staatsrecht des Deutschen Reiches. 4 Bände, 5. Auflage, 1914. Kleine Ausgabe: Laband, Deutsches Reichsstaatsrecht. 7. Aufl. herausgeg. von Otto Mayer 1920. Vgl. ferner das oben zu 1 erwähnte Lehrbuch des deutschen Staatsrechts von Meyer-Anschütz. Kommentare zur R. V. von 1871 von Dambitsch, Zorn, Arndt u. a.

Die R. V. von 1871 hatte im Grunde dieselben Materien zu regeln wie die von 1919: einmal das Verhältnis des Reichs zu den Bundesstaaten und sodann die Organisation der Reichsgewalt, d. h. die Stellung der Reichsorgane und die Verteilung der Funktionen auf sie. Grundrechtsbestimmungen finden sich dagegen in der alten R. V. nicht und zwar deshalb, weil sie das allgemeine Rechtsverhältnis zwischen Bürger und Staatsgewalt betreffen, dessen Regelung damals noch durchaus den Einzelstaatsverfassungen überlassen wurde, die denn auch solche Grundrechtsbestimmungen regelmäßig enthielten.

Die alte R. V. ist wesentlich anders und weniger gut disponiert als die neue, so daß es nicht ganz leicht fällt, ihren Inhalt mit dem der neuen zu vergleichen. Die R. V. von 1871 war eingeteilt in 14 Abschnitte und 78 Art. Die Abschnitte trugen folgende Überschriften: I. Bundesgebiet (Art. 1), II. Reichsgesetzgebung (Art. 2—5), III. Bundesrat (Art. 6—10), IV. Präsidium (Art. 11—19), V. Reichstag (Art. 20—32), VI. Zoll- und Handelswesen (Art. 33—40), VII. Eisenbahnwesen (Art. 41—47), VIII. Post- und Telegraphenwesen (Art. 48—52), IX. Marine- und Schiffahrt (Art. 53—55), X. Konsulatwesen (Art 56), XI. Reichskriegswesen (Art. 57—68), XII. Reichsfinanzen (Art. 69—73), XIII. Schlichtung von Streitigkeiten und Strafbestimmungen (Art. 74—77), XIV. Allgemeine Bestimmungen (Art. 78).

Vorausgeschickt war eine Eingangsformel. Zwar hat sie nicht eigentlich rechtliche Bedeutung gehabt, aber nichts macht mehr als sie den Unterschied zwischen dem Geist der a. und n. R. V. geltend, weshalb sie hier im Wortlaut wiedergegeben sei. Sie lautete: „Seine Majestät der König von Preußen, im Namen des Norddeutschen Bundes, Seine Majestät der König von Bayern, Seine Majestät der König von Württemberg, Seine Königliche Hoheit der Großherzog von Baden, Seine Königliche Hoheit der Großherzog von Hessen und bei Rhein für die südlich vom Main gelegenen Teile des Großherzogtums Hessen schließen einen ewigen Bund zum Schutze des Bundesgebietes und des innerhalb desselben gültigen Rechts, sowie zur Pflege der Wohlfahrt des deutschen Volkes. Dieser Bund wird den Namen Deutsches Reich führen und wird nachstehende Verfassung haben."

Nicht das Volk also, wie jetzt, sondern die Fürsten waren es, die das Reich gründeten; dieses selber wird noch etwas zaghaft als Bund bezeichnet — im folgenden findet sich auch die Bezeichnung Bundespräsidium für die Stellung des Kaisers — und dann werden noch die Staatszwecke kurz umschrieben, wobei nicht ganz unwichtig war, daß die Wohlfahrtspflege ausdrücklich als Reichszweck anerkannt war, während die damals herrschende liberalistische Strömung dem Staat dieses Gebiet möglichst ganz versagen wollte.

Art. 1 zählte dann die 25 zum Reich gehörigen Bundesstaaten auf, die 4 Königreiche, 6 Großherzogtümer, 5 Herzogtümer, 7 Fürstentümer und 3 Hansestädte.

Die Art. 2—5 bringen die wichtigsten Bestimmungen über das Verhältnis von Reich und Bundesstaaten. Art. 2 spricht dem Reich das Recht der Gesetzgebung mit der Wirkung zu, daß Reichsgesetze den Landesgesetzen vorgehen. Art. 3 legt ein gemeinsames Indigenat ganz ähnlichen Inhalts fest wie die jetzige R. V. Wichtig war dann vor allem Art. 4, die grundlegende Bestimmung über die Zuständigkeitsverteilung. Entsprechend dem jetzigen Art. 7 zählt er einen Katalog von 16 Materien auf, die „der Beaufsichtigung des Reichs und der Gesetzgebung desselben unterliegen", während die Vollziehung in diesen Angelegenheiten, zu denen u. a. auch das bürgerliche Recht, Strafrecht und Prozeßrecht gehörten, den Landesbehörden verblieb. Die Gesetzgebung des Reichs war dabei normalerweise eine konkurrierende, d. h. es konnten neben dem Reich, solange dieses eine Materie nicht erschöpfend geregelt hatte, auch die Bundesstaaten Gesetze über sie erlassen. Daneben gab es auch schon ein Gebiet ausschließlicher Gesetzgebung des Reichs, das sogar nicht viel kleiner war als das jetzige (vgl. Art. 35, 48, 52 II, 61). Für eine weitere Anzahl von Materien stand dem Reich nicht nur die Gesetzgebung, sondern auch die Vollziehung zu, so auf dem Gebiet des Auswärtigen, der Marine, der Post, später auch der Kolonien. Materien, die die Verfassung gar nicht erwähnte, waren sowohl hinsichtlich der Gesetzgebung als der Vollziehung den Einzelstaaten verblieben. Dies galt namentlich für die Gebiete von Kirche und Schule, Organisation der Staats- und Gemeindeverwaltung, Landesfinanzen und auch sonst einen großen Teil der inneren Verwaltungsgesetzgebung.

Höchst wichtig für die Stellung der Einzelstaaten zum Reich war sodann Art. 78, wo bestimmt war:

„Veränderungen der Verfassung erfolgen im Wege der Gesetzgebung. Sie gelten als abgelehnt, wenn sie im Bundesrat 14 Stimmen gegen sich haben. Diejenigen Vorschriften der Reichsverfassung, durch welche bestimmte Rechte einzelner Bundesstaaten in deren Verhältnis zur Gesamtheit festgestellt sind, können nur mit Zustimmung der berechtigten Bundesstaaten abgeändert werden." Durch diesen Art. 78 waren namentlich geschützt die sogenannten Reservatrechte einiger Bundesstaaten, die in besonderen Verträgen vorbehalten waren. Sie betrafen das Heerwesen (eigene Kontingente für Bayern, Sachsen, Württemberg), die eigene Postverwaltung bei Bayern und Württemberg, die Bier- und Branntweinsteuer für Bayern, Württemberg und Baden und für Bayern noch einige weitere Angelegenheiten. Der Abs. II des Art. 78 war aber auch die wichtigste rechtliche Grundlage der Existenz der Einzelstaaten überhaupt gegenüber dem Reich. Denn da er einzelne Vorrechte gegen Entziehung im Wege der Majorisierung schützte, mußte das, so schloß man mit Recht, noch mehr für den Bestand der Bundesstaaten überhaupt gelten. Nun hätte man rein formell über diese Vorrechte und evtl. überhaupt über den bundesstaatlichen Charakter des Reichs hinwegkommen können dadurch, daß man jenes Fundament selbst, eben diesen Art. 78, II, wie eine andere Verfassungsbestimmung im Wege der Verfassungsänderung aufhob, was auch gegen den Willen eines einzelnen Staates möglich erscheinen konnte, aber mit Recht hat die überwiegende Meinung das als nicht loyal, als mit dem Geist der Verfassung nicht vereinbar verworfen.

Was die Organisation der Reichsgewalt im Kaiserreich und dessen staatsrechtlichen Charakter überhaupt betrifft, so ist zunächst die erstaunliche Tatsache festzustellen, daß von der Staatsrechtslehre, namentlich auch von Laband, das Reich gar nicht so ganz als Kaiserreich, als Monarchie, anerkannt war, und zwar deshalb, weil nicht der Kaiser, sondern die Gesamtheit der „verbündeten Regierungen" als der im Reich maßgebende Faktor betrachtet wurde, so daß dieses also ein besonderer Typ von Aristokratie gewesen wäre. Richtig ist jedenfalls soviel, daß der Kaiser nicht Monarch des Reichs in dem Sinne war, wie der König von Preußen und entsprechend die andern Bundesfürsten Monarchen ihres Landes. Wenn man aber die tatsächlich sehr große Macht des Kaisers im Reich in Betracht zieht, die in einzelnen Gesetzen auch zu rechtlichen Weiterbildungen seiner Befugnisse über die Verfassung hinaus geführt hatte (Ausbildung eines kaiserlichen Verordnungsrechts, Verleihung landesherrlicher Befugnisse gegenüber Elsaß-Lothringen und für die Kolonien) und wenn man namentlich diese Machtstellung vergleicht z. B. mit der des Königs von England oder des Königs von Belgien in ihren Ländern, so wird man jene Leugnung des monarchischen Charakters des Reichs kaum mehr begründet finden können. Wenn also das ganze Volk den Kaiser als Reichsmonarchen betrachtet hat, so ist es mit dieser Auffassung nicht im Unrecht gewesen.

Das erste Organ nach der R. V. ist freilich der Bundesrat gewesen. Er bestand aus 58 Mitgliedern, von denen nach Art. 6 auf Preußen 17, auf Bayern 6, Sachsen und Württemberg je 4, Baden und Hessen je 3, Mecklenburg-Schwerin und Braunschweig je 2, die übrigen Staaten je eine Stimme entfielen. Dazu kamen seit 1911 3 Stimmen für Elsaß-Lothringen. Vom jetzigen Reichsrat unterschied sich der Bundesrat zwar nicht allzusehr durch die Art der Bestellung seiner Mitglieder, denn diese war damals wie jetzt in der Hauptsache den Einzelstaatsregierungen überlassen; sehr stark dagegen durch seine Stellung innerhalb der Reichsorgane. Der Bundesrat war das oberste Reichsorgan, vor allem in der Gesetzgebung, wo er nicht nur dieselben Rechte hatte wie der Reichstag, sondern ein Vorrecht, die Sanktion, d. h. es stand ihm der entscheidende Akt zu, einen bisherigen Entwurf mit Befehlskraft auszustatten. Höchst wichtige Befugnisse waren ihm sodann verliehen auf dem Gebiet der Vollziehung, und zwar namentlich durch Art. 7, dessen I. Abs. lautet:

„Der Bundesrat beschließt 1. über die dem Reichstag zu machenden Vorlagen und die von demselben gefaßten Beschlüsse; 2. über die zur Ausführung der Reichsgesetze erforderlichen allgemeinen Verwaltungsvorschriften und Einrichtungen, sofern nicht durch Reichsgesetz etwas anderes bestimmt ist; 3. über

Mängel, welche mit der Ausführung der Reichsgesetze oder der vorstehend erwähnten Vorschriften oder Einrichtungen hervortreten."

Der Bundesrat war damit oberstes Reichsregierungsorgan, dem mit der Ziff. 3 erwähnten Bestimmung namentlich auch der wichtigste Teil der **Reichsaufsicht** zugewiesen war. Er erledigte das gewaltige Maß seiner Aufgaben vornehmlich mittels seiner Ausschüsse, die zum Teil schon in der Verfassung vorgesehen waren (Art. 8). Art. 9 war wichtig für seine Stellung zum Reichstag, indem hier bestimmt war, daß niemand gleichzeitig Mitglied des Bundesrats und des Reichstag sein könne. Das bedeutete den Ausschluß des parlamentarischen Systems, dagegen ist es nicht eben so richtig, darin eine Besiegelung des Obrigkeitsstaates zu sehen, denn auch z. B. die schweizerische Verfassung enthält die Vorschrift, daß niemand zugleich der Volksvertretung und der Regierung (die dort auch Bundesrat heißt, aber wesentlich anderen Charakter hat) angehören dürfe.

Gewissermaßen als Staatsgerichtshof hatte der Bundesrat zu funktionieren in den Fällen des Art. 76, wonach er auf Anrufen eines Teils Streitigkeiten zwischen verschiedenen Einzelstaaten zu erledigen und ferner bei Verfassungsstreitigkeiten innerhalb eines Bundesstaates gütlich auszugleichen hatte (gelang dies nicht, so war letzterenfalls ein Eingreifen der Reichsgesetzgebung vorgesehen); auch hatte er nach Art. 77 im Fall der Justizverweigerung in einem Einzelstaat Abhilfe zu veranlassen.

Von den Bestimmungen der R. V. über den **Kaiser** sagte der grundlegende Art. 11 zunächst:

„Das Präsidium des Bundes steht dem König von Preußen zu, welcher den Namen **Deutscher Kaiser** führt. Der Kaiser hat das Reich völkerrechtlich zu vertreten, im Namen des Reichs Krieg zu erklären und Frieden zu schließen, Bündnisse und andere Verträge mit andern Staaten einzugehen, Gesandte zu beglaubigen und zu empfangen.

Zur Erklärung des Kriegs im Namen des Reichs ist die Zustimmung des Bundesrats erforderlich, es sei denn, daß ein Angriff auf das Bundesgebiet oder dessen Küsten erfolgt.

Insoweit die Verträge mit fremden Staaten sich auf solche Gegenstände beziehen, welche nach Art. 4 in den Bereich der Reichsgesetzgebung gehören, ist zu ihrem Abschluß die Zustimmung des Bundesrats und zu ihrer Gültigkeit die Genehmigung des Reichstags erforderlich."

Damit war die untrennbare Verbindung des Kaisertums mit dem preußischen Königtum festgelegt und die Grundlage für eine sehr große Machtstellung des Kaisers namentlich in der Außenpolitik gegeben. Die Art. 12—14 weisen sodann dem Kaiser das Recht zu, den Bundesrat und den Reichstag zu berufen, zu eröffnen, zu vertagen und zu schließen (der Bundesrat wurde in Wirklichkeit nie geschlossen). Art. 16 bestimmt, daß die Gesetzesvorlagen nach Maßgabe der Beschlüsse des Bundesrats im Namen des Kaisers an den Reichstag gebracht und dort durch Bundesratsmitglieder vertreten werden. Da die Sanktion der Gesetze dem Bundesrat zugewiesen war, konnte Art. 17 dem Kaiser an der Gesetzgebung sonst nur noch zuweisen die Ausfertigung (die damit im Reich von der Sanktion getrennt wurde, während in den Einzelstaaten die Unterzeichnung eines von der Volksvertretung angenommenen Gesetzes durch den Landesherrn beides bedeutete) und die Verkündigung [1]) sowie die Überwachung der Ausführung.

Im übrigen hatte der Kaiser materiellen Einfluß auf die Gesetzgebung nur als Inhaber der 17 preußischen Stimmen im Bundesrat, und er konnte dort bei gewöhnlichen Gesetzen jederzeit überstimmt werden. Gegenüber Verfassungsänderungen allerdings sicherten die 17 preußischen Stimmen eine Art kaiserliches Veto, da nach Art. 78 schon 14 Stimmen im Bundesrat genügten, um eine solche zu verhindern (auch Bayern, Sachsen und Württemberg konnten demnach mit ihren Stimmen, wenn sie zusammenstanden, jede Verfassungsänderung verhindern). Ein solches Veto stand dem Kaiser ferner zu nach Art. 5, Abs. II gegenüber Gesetzesvorlagen über das Militärwesen, die Kriegsmarine und die im Art. 35 bezeichneten Zölle und Verbrauchssteuern; er konnte im Bundesrat bei solchen Vorlagen nicht überstimmt werden.

Auf dem Gebiet der Vollziehung war dem Kaiser zugewiesen einmal, wie schon erwähnt, die Vertretung nach außen und die Überwachung der Ausführung der Gesetze. In der letzteren, die Reichsaufsicht berührenden Funktion teilte er sich mit dem Bundesrat in der Weise, daß der Kaiser durch seine Organe die Mängel feststellen ließ, daß im Falle von Meinungsverschiedenheiten mit Bundesstaaten dann aber der Bundesrat die Entscheidung zu treffen hatte. Dem Kaiser stand ferner zu das Recht der Ernennung der Reichsbeamten (Art. 18). Über die Reichsexekution und die Stellung des Kaisers dabei bestimmte Art. 19: „Wenn Bundesmitglieder ihre verfassungsmäßigen Bundespflichten nicht erfüllen, können sie dazu im Wege der Exekution angehalten werden. Diese Exekution ist vom Bundesrat zu beschließen und vom Kaiser zu vollstrecken."

Der Reichskanzler war der einzige Reichsminister, dessen Stellung als solche von der Verfassung voll ausgebildet war. Die maßgebenden Bestimmungen über ihn lauteten:

„Der Vorsitz im Bundesrat und die Leitung der Geschäfte steht dem Reichskanzler zu, welcher vom Kaiser zu ernennen ist" (Art. 15, I).

„Die Anordnungen und Verfügungen des Kaisers werden im Namen des Reichs erlassen und bedürfen zu ihrer Gültigkeit der Gegenzeichnung des Reichskanzlers, welcher dadurch die Verantwortlichkeit übernimmt" (Art. 17, S. 2).

Durch ein Gesetz vom 17. März 1878 betreffend die Stellvertretung des Reichskanzlers wurden die Staatssekretäre als Stellvertreter des Reichskanzlers mit einer gewissen Selbständigkeit ausgestattet, und zwar sowohl für

---

1) Die Reichsgesetze wurden mit folgender Eingangsformel verkündet: „Wir Wilhelm von Gottes Gnaden, Deutscher Kaiser, König von Preußen usw. verordnen hiermit im Namen des Reichs, nach erfolgter Zustimmung des Bundesrats und des Reichstags, was folgt." Diese Formel erweckte den Anschein, als ginge der Gesetzesbefehl vom Kaiser aus, nachdem Bundesrat und Reichstag — bei unter sich gleichen Rollen — so zugestimmt hatten, wie die beiden Häuser eines Landtags einem Regierungsentwurf in einem Einzelstaat. Diese Verkündigungsformel war also nicht korrekt, weil in Wirklichkeit der Bundesrat die Sanktion erteilte.

seine Vertretung innerhalb ihres Ressorts, als auch im Falle der Aufstellung eines Vizekanzlers (wovon erst im Kriege Gebrauch gemacht worden ist).

Die Verantwortlichkeit des Reichskanzlers, von der Art. 17 spricht, war eine rein politische; ein Recht der Ministeranklage war in der a. R. V. nicht ausgebildet.

In den verschiedenen, den Staatssekretären unterstellten Reichsämtern, deren Zahl langsam vermehrt wurde, lag der Schwerpunkt der obersten Reichsverwaltung. Da aber auch die Bundesratsausschüsse sehr wichtige oberste Reichsverwaltungsfunktionen hatten, so war hier ein nicht vorteilhafter Dualismus gegeben, der freilich vor allzu schädlichen Wirkungen dadurch bewahrt blieb, daß der Reichskanzler die einheitliche Spitze für beides bildete. Da ferner der Reichskanzler regelmäßig zugleich preußischer Ministerpräsident war (ohne daß jedoch diese Verbindung rechtlich notwendig gewesen wäre), so war hierdurch auch eine gewisse — keineswegs unbedingte — Einheitlichkeit der preußischen und der Reichspolitik gesichert.

Der **Reichstag** ging nach Art. 20 aus allgemeinen gleichen geheimen Wahlen aller männlichen Reichsangehörigen im Alter von mindestens 25 Jahren hervor. Es war eine große, politisch natürlich verschieden beurteilte Tat **Bismarcks**, daß er für die Wahlen des Reichstags des Norddeutschen Bundes im Jahre 1867 das allgemeine Wahlrecht zugestand und es dann in der Reichsverfassung festlegen ließ. Die Zahl der Abgeordneten im Reichstag betrug 397. Der Reichstag beschloß mit einfacher Stimmenmehrheit, und zwar auch im Falle von Verfassungsänderungen.

Die Legislaturperiode des Reichstags war anfangs auf 3 Jahre bemessen, wurde aber 1888 auf 5 Jahre verlängert. Im Fall der Auflösung des Reichstags waren Neuwahlen innerhalb 60 Tagen vorgeschrieben.

Der Charakter des Reichstags als Vertretung des ganzen Volkes, das Recht der freien Rede und der Immunität zum Schutz derselben waren durch die Bestimmungen der Art. 29—31 schon in ähnlicher, wenn auch nicht ganz so weitgehender Weise geregelt wie jetzt.

Bis 1906 hatten nach Art. 32 die Reichstagsmitglieder nicht nur keine Bezahlung für ihre Funktion bezogen, sondern es war ihnen auch verboten, anderswoher, z. B. aus einer Parteikasse solche Bezahlung anzunehmen. Durch Gesetz vom 21. Mai 1906 fiel diese Schranke, und es wurde eine vom Reich zu gewährende Entschädigung eingeführt.

Politisch von großer Wichtigkeit war die Bestimmung des Art. 21 II, wonach ein Reichstagsmitglied sein Mandat verlor, wenn es ein besoldetes Reichsamt oder in einem Einzelstaat ein besoldetes Staatsamt annahm oder in einem solchen Amt aufrückte. Die Vorschrift war ebenso wie die entsprechenden in den Einzelstaatsverfassungen, denen sie nachgebildet war, ursprünglich im Interesse der Volksvertretung, nämlich zum Schutz ihrer Unabhängigkeit erlassen. Sie sollte dem vorbeugen, daß die Regierung auf Abgeordnete dadurch einwirken konnte, daß sie ihnen Übernahme in den Staatsdienst oder eine schnellere Beförderung in Aussicht stellte. Später gewann dann die Bestimmung eine ganz andere Bedeutung: Als der Gedanke der Parlamentarisierung erwogen wurde, erwies sie sich als Hindernis für ihre Durchführung, weil Abgeordnete, die Minister wurden, damit ihr Mandat verloren hätten.

Von derselben Volksvertretung, zu deren Schutz ursprünglich die Bestimmung erlassen war, wurde daher nun ihre Abschaffung angestrebt.

Die Hauptfunktion des Reichstags war die der Mitwirkung bei der Gesetzgebung. Er hatte im Reich etwa die Stellung einer 2. Kammer im Einzelstaat, aber der Bundesrat war ihm gegenüber nicht nur 1. Kammer, sondern, weil Träger des Sanktionsrechts, zugleich bis zu einem gewissen Grad Regierung. Ausdrücklich zugeschrieben war in Art. 23 dem Reichstag das Recht, Gesetze auch selbst vorzuschlagen, nicht nur Regierungsvorlagen zu beraten, und an ihn gerichtete Petitionen dem Bundesrat oder Reichskanzler zu überweisen. Mit Hilfe der Etatsbewilligung und dieses Petitionsrechts entwickelte sich eine gewisse Kontrolle des Reichstags über die ganze Handhabung der Reichspolitik.

Staatsrechtlich eigentümlich war die Ausgestaltung des Heerwesens. Das Ziel der Regelung war die Schaffung eines möglichst einheitlichen Reichsheeres. Aber das Heerwesen wurde doch keineswegs voll zur Reichssache gemacht, und zwar deshalb nicht, weil die größeren Bundesstaaten auf ihr Heer nicht verzichten wollten, und speziell, weil Preußen ein großes Interesse daran hatte, daß seine Heereseinrichtungen preußische Einrichtungen blieben, weil sie damit etwas weniger dem Einfluß des im Reich schärfer als in Preußen ausgebildeten Konstitutionalismus ausgesetzt waren.

In der R. V. Art. 63 war daher zwar allgemein ausgesprochen, daß die gesamte Landmacht des Reichs ein einheitliches Heer bildete, welches im Krieg und Frieden unter dem Befehl des Kaisers stehe. Durchgeführt war das aber nur voll hinsichtlich der Kosten, die in der Tat ganz vom Reich getragen wurden (Art. 58), während im übrigen auf Grund der nachfolgenden Bestimmungen und besonderer Verträge, welche sie modifizierten, das Reichsheer aus den Kontingenten der 4 Königreiche bestand, wobei mit dem preußischen Kontingent die der sämtlichen übrigen Bundesstaaten vereinigt waren. Für Einheitlichkeit der Bekleidung, Ausrüstung, Bewaffnung usw. sorgte Art. 63. Das bayerische Kontingent war besonders selbständig gestellt; es unterstand dem Oberbefehl des Kaisers nur im Krieg, im Frieden hatte der Kaiser dort nur ein Inspektionsrecht.

Im Gegensatz zum Landheer war die Marine durchaus Reichssache (Art. 53 ff.).

Alles, was mit der Kommandogewalt über Heer und Flotte zusammenhing, namentlich auch die Ernennung aller Offiziere, unterlag nicht wie sonstige Regierungsakte der Gegenzeichnung eines Ministers, sondern war von ihr und damit von der parlamentarischen Verantwortlichkeit ausgenommen.

Was das Eisenbahnwesen betrifft, so hat sich die a. R. V. in dem Art. 41 ff. damit begnügt, den Bundesregierungen die Pflicht aufzuerlegen, die Bahnen im Interesse des allgemeinen Verkehrs wie ein einheitliches Netz zu verwalten und zu diesem Behuf auch neu herzustellende Bahnen nach einheitlichen Normen anlegen und ausrüsten zu lassen. Das Reich hatte sich ferner die Kontrolle über das Tarifwesen vorbehalten und für Nutzbarmachung der Bahnen für Reichsverteidigungszwecke die nötige Vorsorge getroffen (Art. 47). Die Übernahme der Bahnen auf das Reich tritt in der a. R. V. noch nicht einmal als Ziel hervor.

Im Gegensatz dazu waren Post und Telegraphie nach Art. 48 als einheitliche Reichsverkehrsanstalten eingerichtet und verwaltet, jedoch unter Ausnahme von Bayern und Württemberg, die ihre besonderen Postverwaltungen behielten.

Hinsichtlich der Reichsfinanzen hatte die Verfassung in Art. 69 ff. nur gewisse budgetrechtliche Grundsätze festgelegt; über die Art der Deckung des Reichsbedarfs war gesagt, daß, was nicht durch Zölle und eigene Reichssteuern aufgebracht werde, durch „Beiträge der einzelnen Bundesstaaten nach Maßgabe ihrer Bevölkerung" (Matrikularbeiträge) aufgebracht werden müsse, so daß also ein eigentliches Reichsdefizit gar nicht entstehen konnte. In Wirklichkeit hat das Reich mit Recht früh nach finanzieller Eigenwirtschaft gestrebt und zu diesem Zweck seine Steuern mehr und mehr ausgebaut. Richtschnur war dabei bis 1913 der Satz, der aber in der Verfassung nicht ausgesprochen war, daß das Reich nur indirekte Steuern erheben könne, die direkten dagegen den Bundesstaaten zu überlassen habe. Mit Besitzsteuer und Wehrbeitrag von 1913 und mehr dann noch im Krieg ist dieser Grundsatz verlassen worden.

Soviel über die Grundgedanken der R.V. von 1871. Als ein Meisterwerk Bismarckscher Staatskunst galt sie vor allem wegen der Lösung der bundesstaatlichen Frage, wo sie in der Tat trotz weitgehender Schonung der Eigenart einiger Einzelstaaten die Möglichkeit für die Entwicklung einer starken Reichsgewalt geschaffen hatte. Auch die Lösung der konstitutionellen Frage verträgt in Wirklichkeit die Kritik. Man hat allerdings wiederholt mit Beziehung auf die Stellung des Reichstags von einem Scheinkonstitutionalismus gesprochen. Dies war aber angesichts der geschilderten rechtlichen Ausgestaltung seiner Stellung in Wirklichkeit kaum begründet. Der deutsche Reichstag war auf Grund eines sehr freien Wahlrechts gewählt und hatte staatsrechtlich so viel Befugnisse wie der Volksvertretung im konstitutionellen Staat entsprach. Wenn sein Einfluß auf die Reichspolitik nicht stärker war, so lag dies nicht an der Ausgestaltung des Reichsverfassungsrechts, sondern daran, daß das staatsrechtlich wesentlich anders aufgebaute Preußen mit dem Reich sehr eng verwachsen war und dessen Politik sehr stark beeinflußte.

Fragen wir nun nach der Weiterentwicklung dieser Verfassung von 1871—1914, so haben wir zunächst festzustellen, daß in dieser Zeit zwar etwa ein Dutzend ausdrückliche und noch mehr stillschweigende Verfassungsänderungen[1]) erfolgt sind, daß sich darunter aber keine von wirklich grundsätzlicher Bedeutung befand.

1) Stillschweigende Verfassungsänderungen waren insofern möglich, als Einzelgesetze, welche tatsächlich eine Änderung des Verfassungsrechts

Im allgemeinen ging die Entwicklungstendenz in Beziehung auf den Bundesstaatscharakter des Reichs auf langsame Erstarkung der Reichsgewalt, also in unitarischer Richtung. Diese Erstarkung konnte jedoch erfolgen, ohne daß die föderativen Bestimmungen der Verfassung hätten geändert werden müssen. Vielleicht der größte Schritt in dieser Richtung war der schon erwähnte Übergang zur direkten Reichbesteuerung im Jahre 1913, und gerade ihm setzte, wie gezeigt, die Verfassung kein Hindernis entgegen. Was das Verhältnis von Kaiser und Bundesstaat betrifft, so kam der Machtzuwachs des Reichs dem Kaiser viel mehr zugute als dem Bundesrat, so daß er diesen an Bedeutung immer mehr überragte, immer mehr sich der Stellung eines wirklichen Reichsmonarchen näherte. Über den konstitutionellen Grundgedanken der Reichsverfassung hätte nur die Entwicklung zur parlamentarischen Regierung hinausführen können. Sie aber wurde bis zum Krieg von den Rechtsparteien und dem Zentrum durchaus abgelehnt und auch von der bürgerlichen Linken keineswegs entschieden angestrebt, während die sozialdemokratische Partei weitergehend die ganze monarchische Staatsform angriff. Die Wirkung war, daß während dieser Periode grundsätzliche Änderungen an diesem Teil der Reichsverfassung nicht vorgenommen wurden.

Der Krieg brachte zunächst eine Ausschaltung mancher konstitutionellen Sicherung, namentlich Ersatz regelrechter Gesetzgebung durch ein höchst umfassendes Verordnungsrecht des Bundesrats auf Grund eines Gesetzes vom 4. Aug. 1914. Im Jahre 1918 wurde ein Gesetz über Vermehrung der Reichstagsmandate beschlossen, das den großen Städten und Industriezentren im ganzen 44 neue Sitze zuwies, die im Wege der Verhältniswahl zu besetzen waren. Dieses Gesetz vom 24. Aug. 1918 ist aber nicht mehr praktisch geworden.

Die Grundlagen der Verfassung selbst kamen erst nach der unglücklichen Wendung ins Wanken, die Mitte 1918 der Krieg für

---

mit sich brachten, von der Praxis zugelassen wurden, ohne daß vorher die Verfassung geändert wurde. Diese Verfassungsänderung wurde dann also durch jene Einzelgesetze selbst und damit stillschweigend bewirkt; sie bedurften im Bundesrat derselben erhöhten Mehrheit, wie formelle Verfassungsänderungen, während im Reichstag besondere Vorschriften in dieser Beziehung ja überhaupt nicht bestanden.

uns genommen hatte. Das Ziel der Bewegung war zunächst noch die Einschränkung der kaiserlichen Kommandogewalt und die Herbeiführung der parlamentarischen Regierungsform im Reich. Zwei sichtlich unter dem Zeichen des nahenden Zusammenbruchs erlassene Verfassungsänderungen vom 28. Okt. 1918 sollten das bewirken. Das eine dieser Gesetze stellte die Ernennung, Versetzung, Beförderung und Verabschiedung von Offizieren in Heer und Flotte unter Gegenzeichnung des Reichskanzlers bzw. Kriegsministers und damit unter die parlamentarische Verantwortung. Das zweite machte unter Abänderung von Art. 11, II R. V. die Zustimmung des Reichstags nötig zu jeder Kriegserklärung und jedem Friedensschluß; es erklärte ferner unter Ergänzung von Art. 15 den Reichskanzler für vom Vertrauen des Reichstags abhängig und beseitigte den oben erwähnten Art. 21, II, der der Übernahme von Abgeordneten in die Regierung im Wege gestanden hatte.

Die Hoffnung, daß mit diesen Verfassungsänderungen weitergehenden Umwälzungsbestrebungen Einhalt getan würde, erwies sich jedoch als trügerisch.

4. Die Revolution von 1918 und die Entstehung der neuen Reichsverfassung.

Nach vierjährigem wahrhaft heldenmütigem Ringen seiner Frontheere war das deutsche Volk, durch Aushungerung und ungeheure Verluste auf den Schlachtfeldern geschwächt, am Ende seiner Widerstandskraft angelangt. In Anbetracht der an Zahl und Machtmitteln weit überlegenen und immer noch zunehmenden Feinde, sah es sich, zumal nach dem Zusammenbruch seiner Bundesgenossen, einer vollständigen Niederlage gegenüber.

Ein beispielloses Versagen der politischen Leitung hatte es in diese furchtbare Lage gebracht. Die Folge war eine Revolution, die überraschend schnell und unblutig siegte.

Am 9. Nov. 1918 veröffentlichte Prinz Max von Baden, seit Okt. 1918 Reichskanzler, eine Erklärung, daß der Kaiser im Großen Hauptquartier auf den Thron verzichtet habe; wie weit er damit im Auftrag des Kaisers gehandelt hatte, ist noch nicht völlig aufgeklärt, aber nachdem bekannt geworden war, daß der Kaiser am selben Tag das Heer verlassen hatte und auf holländisches Gebiet geflüchtet war, wurde die Nachricht nicht mehr angezweifelt.

Die Leiter der Umsturzbewegung, die stark von russischen Ideen beeinflußt waren und die dort aufgekommene Einrichtung der Arbeiter- und Soldatenräte als nächstes Ziel verfolgten, ergriffen noch an diesem 9. Nov. Besitz von den zentralen Regierungsbehörden in Berlin, der sozialdemokratische Abgeordnete Scheidemann rief die deutsche Republik aus. Am selben Tag wurden aber auch in allen Landeshauptstädten die Regierungen gestürzt, soweit es nicht schon, wie in Bayern, einige Tage früher geschehen war.

In Berlin bildete sich nun zunächst eine aus 6 Sozialdemokraten (je 3 von den beiden Richtungen) bestehende Reichsregierung, die sich „Rat der Volksbeauftragten" nannte. Mit einem Aufruf vom 12. Nov. 1918, der im Reichsgesetzblatt veröffentlicht wurde, gab sie das erste amtliche Lebenszeichen des neuen Kurses in die Welt hinaus. In diesem Aufruf bezeichnete sich die Regierung als reinsozialistische und entwickelte dem sozialdemokratischen Parteiprogramm weitgehend entsprechende Richtlinien ihres Handelns für die nächste Zeit.

Für die staatsrechtliche Beurteilung dieser Vorgänge und derjenigen der nächsten Wochen ist von entscheidender Wichtigkeit die Tatsache, daß diese Reichsregierung sich alsbald wirklich durchsetzte. So furchtbar war der Druck der Außenverhältnisse, so schrecklich das Gespenst des Unheils, das bei weiterer Desorganisation drohte, daß auch bei innerlich Widerstrebenden die Auffassung obsiegte, daß man der neuen Regierung sich fügen müsse. Vom 9. Nov. ab muß daher diese Regierung als wirkliche, wenn auch nur vorläufige Inhaberin der Staatsgewalt betrachtet werden. Für die Exekutivakte der Reichsregierung ist das von Anfang an ziemlich allgemein anerkannt gewesen, für ihre gesetzgebenden Akte, die sie meist in Verordnungsform erließ, ist es nachträglich durch das Übergangsgesetz vom 4. März 1919 klargestellt worden.

Bei einem Rückblick auf diese Zeit müssen wir jetzt sagen, daß bei all dem Häßlichen und Würdelosen, das sie an die Oberfläche brachte, ein sehr großer Teil des Volkes doch ein rühmenswertes Maß von politischer Vernunft und staatlichem Ordnungssinn bewahrte; dem Pflichtbewußtsein der Beamten namentlich war es zu danken, daß die Staatsmaschine trotz der Umwälzung nicht ganz zum Stillstand und verhältnismäßig bald wieder in einigermaßen geregelten Gang kam.

Von seiten der alten Regierung drohte der neuen zunächst keinerlei Gefahr, zumal der Kaiser am 28. Nov. auch förmlich abdankte, und am 1. Dez. auch der Kronprinz einen Thronverzicht unterzeichnete[1]), dagegen hatte sie Mühe, sich gegen radikalere Strömungen von links durchzusetzen, die im Berliner Vollzugsrat (später Zentralrat genannt) der Arbeiter- und Soldatenräte die Oberhand hatten, und die Wahlen zur Nationalversammlung zu verhindern suchten. Es war wiederum von entscheidender Bedeutung, daß es der Regierung gelang, diese Widerstände, wenn auch nach mannigfachen Zwischenfällen und Krisen, in deren Verlauf die unabhängigen Sozialdemokraten aus der Regierung ausschieden, zu überwinden.

Eine Verordnung vom 30. Nov. 1918 hatte die Wahlen zur Nationalversammlung endgültig ausgeschrieben und dabei ein Wahlrecht gebracht, das eine ziemlich genaue Erfüllung des Erfurter Programms darstellte. Die Wahlen fanden am 19. Jan. 1919 statt, am 6. Febr. trat die Nationalversammlung in Weimar zusammen.

Sie verabschiedete zunächst ein Gesetz über die vorläufige Reichsgewalt vom 10. Febr. 1919. Darin bezeichnete sie als ihre Aufgabe, die künftige Verfassung sowie sonstige dringende Reichs-

---

1) Die Verzichtsurkunde des Kaisers lautet folgendermaßen: „Ich verzichte hierdurch für alle Zukunft auf die Rechte an der Krone Preußens und die damit verbundenen Rechte an der deutschen Kaiserkrone.

Zugleich entbinde Ich alle Beamten des Deutschen Reiches und Preußens sowie alle Offiziere, Unteroffiziere und Mannschaften der Marine, des preußischen Heeres und der Truppen der Bundeskontingente des Treueides, den sie Mir als ihrem Kaiser, König und Obersten Befehlshaber geleistet haben. Ich erwarte von ihnen, daß sie bis zur Neuordnung des Deutschen Reiches den Inhabern der tatsächlichen Gewalt in Deutschland helfen, das deutsche Volk gegen die drohenden Gefahren der Anarchie, der Hungersnot und der Fremdherrschaft zu schützen.

Urkundlich unter Unserer Höchsteigenhändigen Unterschrift und beigedrucktem Kaiserlichen Insiegel.

Gegeben Amerongen, den 28. Nov. 1918. gez. Wilhelm."

Die Verzichterklärung des Kronprinzen lautet: „Ich verzichte hiermit ausdrücklich und endgültig auf alle Rechte an der Krone Preußen und an der Kaiserkrone, die Mir, sei es auf Grund der Thronentsagung Seiner Majestät des Kaisers und Königs, sei es aus einem anderen Rechtsgrunde zustehen mögen.

Urkundlich unter Unserer Höchsteigenhändigen Unterschrift.

Gegeben in Wieringen am 1. Dez. 1918. gez. Wilhelm."

gesetze zu beschließen. Ein von ihr zu wählender Reichspräsident sollte die oberste Spitze der Exekutive bilden, und ein Ministerium berufen, das zu seiner Amtsführung des Vertrauens der Nationalversammlung bedürfe. Als Vertretung der einzelstaatlichen Regierung wurde ein Staatenausschuß bestellt, der jedoch nur schwache Rechte erhielt. Am 11. Febr. wählte die Nationalversammlung den sozialdemokratischen Abgeordneten Ebert zum Reichspräsidenten; zwei Tage später wurde das erste Kabinett unter dem sozialdemokratischen Abgeordneten Scheidemann gebildet.

Nachdem die Nationalversammlung dann noch das wichtige Übergangsgesetz vom 4. März 1919[1]) erlassen hatte, wandte sie sich dem Verfassungswerk zu.

Die erste Grundlage für dasselbe bildete zunächst ein von Staatssekretär Preuß verfaßter Entwurf, der, wiewohl nur halbamtlichen Charakter tragend, als erster Entwurf bezeichnet wird.

---

1) Es lautet folgendermaßen: „Übergangsgesetz vom 4. März 1919.

§ 1. Die bisherigen Gesetze und Verordnungen des Reichs bleiben bis auf weiteres in Kraft, soweit ihnen nicht dieses Gesetz oder das Gesetz über die vorläufige Reichsgewalt vom 10. Febr. 1919 (RGBl. S. 169) entgegensteht. In Kraft bleiben auch alle von dem Rate der Volksbeauftragten oder der Reichsregierung bisher erlassenen und verkündeten Verordnungen. Ein Verzeichnis dieser Verordnungen ist der Nationalversammlung innerhalb der Frist von einem Monat nach dem Inkrafttreten dieses Gesetzes vorzulegen. Eine Verordnung ist von der Reichsregierung außer Kraft zu setzen, wenn die Nationalversammlung dies innerhalb dreier Monate nach dem Inkrafttreten dieses Gesetzes beschließt. Das Verzeichnis ist im Reichsanzeiger zu veröffentlichen; Verordnungen, die in diesem Verzeichnis fehlen, treten mit dieser Veröffentlichung außer Kraft.

§ 2. Soweit in Gesetzen oder Verordnungen des Reichs auf den Reichstag verwiesen wird, tritt an seine Stelle die Nationalversammlung.

§ 3. Soweit in Gesetzen oder Verordnungen des Reichs auf den Bundesrat verwiesen wird, tritt an seine Stelle der Staatenausschuß. Das Recht zur Mitwirkung bei der Gesetzgebung sowie Befugnisse gegenüber der Nationalversammlung stehen dem Staatenausschusse nur im Rahmen des Gesetzes über die vorläufige Reichsgewalt zu.

§ 4. Die Befugnisse, die nach den Gesetzen oder Verordnungen des Reichs dem Kaiser zustehen, gehen auf den Reichspräsidenten über.

§ 5. Die Befugnisse, die nach den Gesetzen oder Verordnungen des Reichs dem Reichskanzler zustehen, gehen auf das Reichsministerium über. Soweit das Reichsministerium nicht ein anderes bestimmt, werden sie von jedem Reichsminister für seinen Geschäftsbereich selbständig ausgeübt.

§ 6. Dieses Gesetz tritt mit dem Tage seiner Verkündigung in Kraft."

Er war gekennzeichnet durch eine außerordentlich starke unitarische Tendenz und hätte zur Voraussetzung der Durchführung unbedingt die Aufteilung Preußens in eine Anzahl mittelgroßer Staaten gehabt. Was den Aufbau der Reichsgewalt betrifft, so lagen ihm Gedanken aus England, Amerika, Frankreich und der Schweiz zugrunde. Wegen der föderalistischen Widerstände, die er namentlich in Süddeutschland hervorrief, wurde er in dieser Form der Nationalversammlung nicht vorgelegt, sondern von der Regierung erheblich umgestaltet. Die Fassung, die er so erhielt, wird als **zweiter Entwurf** bezeichnet, der als Regierungsvorlage am 21. Febr. 1919 der Nationalversammlung zuging. Er wahrte namentlich sehr viel besser die Rechte der Bundesstaaten.

Nach der ersten Beratung wurde der Entwurf von der Nationalversammlung an einen 28köpfigen **Verfassungsausschuß** verwiesen. Dieser machte in eindringender und im ganzen sehr sachlicher Arbeit einen **dritten Entwurf** daraus, der der Verfassung im wesentlichen ihr heutiges Gesicht gab. Gegenüber dem zweiten wurden durch ihn die Rechte der Einzelstaaten wieder vermindert, außerdem wurde die Zahl der preußischen Stimmen im Reichsrate erhöht. Eine besondere Erweiterung erfuhr der Abschnitt über die Grundrechte und Grundpflichten namentlich durch Aufnahme der Bestimmungen über Religion und Religionsgesellschaften, über das Wirtschaftsleben, und durch die Verankerung des Rätesystems im jetzigen Art. 165.

Die zweite Beratung der Verfassung im Plenum unter Zugrundelegung des Entwurfs des Verfassungsausschusses fand vom 2.—22. Juli 1919 statt. Die vorgenommenen Änderungen (z. B. betreffend den jetzigen Art. 18) waren nur geringfügig.

Nach der dritten Beratung vom 29.—31. Juli, die nochmals einige Änderungen des Entwurfs brachte (z. B. vierjährige Wahlperiode des Reichstags, neue Änderung des Art. 18) wurde die Verfassung am 31. Juli 1919 mit 262 gegen 75 Stimmen bei einer Stimmenthaltung angenommen. Die vom ganzen Reichsministerium gegengezeichnete Verfassung trägt nach dem Tage der Unterschrift des Reichspräsidenten das Datum vom 11. Aug. 1919. Am 14. Aug. 1919 wurde sie in Nr. 152 des RGBl. verkündet.

Nach und zum Teil noch während der Reichsverfassungsberatung schritten auch die Länder zur Neuordnung ihrer Verfassungen. Überall ist die durch die R.V. vorgeschriebene demokratische Staatsform festgelegt worden, mit verhältnismäßig geringfügigen Abweichungen geschah es regelmäßig nach dem Schema der parlamentarischen Regierung. Auf den Inhalt dieser Verfassung kann hier nicht eingegangen werden, sie sollen aber wenigstens nach ihren Entstehungsdaten aufgeführt werden.

Es datieren die neuen Verfassungen von Preußen vom 30. November 1920, von Bayern vom 14. August 1919, von Württemberg vom 25. September 1919, von Sachsen vom 1. November 1920, von Baden vom 21. März 1919, von Hessen vom 12. Dezember 1919, von Thüringen[1]) vom 11. März 1921, von Mecklenburg-Strelitz vom 29. Januar 1919, von Mecklenburg-Schwerin vom 17. Mai 1920, von Braunschweig vom 27. Februar 1919, von Schaumburg-Lippe vom 22. Dezember 1919, von Oldenburg vom 17. Juni 1919, von Anhalt vom 18. Juli 1919, von Lippe vom 21. Dezember 1920, von Hamburg vom 7. Januar 1921, von Bremen vom 18. Mai 1920, von Lübeck vom 23. Mai 1920. Das 18. Land, Waldeck, hat noch keine neue Verfassung, da die Frage seines völligen Anschlusses an Preußen zur Zeit noch in der Schwebe ist.

B. Die Verfassung des Deutschen Reichs vom 11. August 1919.

(RGBl. 1919, S. 1383.)

Der Vorspruch.

Der Vorspruch, obwohl nicht zum rechtlich verpflichtenden Inhalt der R.V. gehörig, ist doch deshalb wichtig, weil er im Vergleich mit der oben (S. 14) wiedergegebenen Eingangsformel der R.V. von 1871 den Unterschied zwischen der alten und neuen Ordnung aufs stärkste verdeutlicht. Er lautet:

„Das deutsche Volk, einig in seinen Stämmen und von dem Willen beseelt, sein Reich in Freiheit und

1) Zu diesem Land wurden auf Grund von Staatsverträgen und eines Reichsgesetzes vom 20. April 1920 zusammengeschlossen die Länder Sachsen-Weimar-Eisenach, Sachsen-Meiningen, Sachsen-Altenburg, Sachsen-Gotha (ohne Coburg, das sich Bayern anschloß), die (schon vorher vereinigten) beiden Reuß und die beiden Schwarzburg.

Gerechtigkeit zu erneuern und zu festigen, dem inneren und dem äußeren Frieden zu dienen und den gesellschaftlichen Fortschritt zu fördern, hat sich diese Verfassung gegeben."

Die neue R. V. gibt sich hier in erster Linie als Schöpfung des deutschen Volkes kund. Das bedeutet einen Fortschritt zunächst in demokratischer Richtung: nicht Fürsten, nicht Regierungen haben die Verfassung vermittelt, sondern sie geht vom Volk selbst aus. Es bedeutet aber auch einen Fortschritt in der Richtung auf den Unitarismus: die Verfassung wird vom Reichsvolk unmittelbar errichtet, nicht auf dem Umweg über die Länder und deren Bevölkerung. Dem Bundesstaatscharakter trägt die Eingangsformel überhaupt nur mit der Wendung „einig in seinen Stämmen" noch Rechnung. In Wirklichkeit hat übrigens das deutsche Volk die Verfassung sich nicht unmittelbar gegeben, sondern, wie dies Art. 180 richtiger zum Ausdruck bringt, durch die Nationalversammlung, und sie ist auch nicht, wie das in der Schweiz z. B. nötig wäre, durch Volksabstimmung bestätigt worden. Die Verfassung soll dazu dienen, das Reich in Freiheit und Gerechtigkeit zu erneuern. Damit war zum Ausdruck gebracht, daß das alte Reich von 1871 weiter besteht und nur erneuert wird, daß nicht, wie von einigen behauptet wurde, ein ganz neues Rechtssubjekt zur Entstehung gebracht wurde. Es liegt nicht Rechtsnachfolge vor, sondern Rechtskontinuität.

In der Formulierung der Staatszwecke, die in dem Vorspruch angedeutet werden, wie überhaupt in seiner Fassung liegen merkliche Anklänge an das Vorbild der amerikanischen Verfassung von 1787, die mit folgenden Worten eingeleitet wird:

„Wir das Volk der Vereinigten Staaten, von der Absicht beseelt, einen vollkommeneren Bund zu schließen, die Gerechtigkeit aufzurichten, den Frieden im Innern zu sichern, für die gemeinsame Verteidigung Vorsorge zu treffen, die allgemeine Wohlfahrt zu fördern und die Segnungen der Freiheit uns und unseren Nachkommen zu sichern, verordnen und errichten diese Verfassung für die Vereinigten Staaten von Amerika."

Die schweizerische Bundesverfassung beginnt in ihrer Fassung vom 29. Mai 1874 folgendermaßen:

„Im Namen Gottes des Allmächtigen! Die schweizerische Eidgenossenschaft, in der Absicht, den Bund der Eidgenossen zu befestigen, die Einheit, Kraft und Ehre der schweizerischen Nation zu erhalten und zu fördern, hat nachstehende Bundesverfassung angenommen."

In klarer Gliederung behandelt nun die R. V. in einem ersten Hauptteil Aufbau und Aufgaben des Reichs. Von den sechs Abschnitten dieses Teils gelten der Bundesstaatsfrage vor allem der erste Abschnitt, zum großen Teil aber auch der sechste, der von der Reichsverwaltung handelt. Die übrigen Abschnitte betreffen die Organisation der Reichsgewalt. Etwas für die R. V. Neues bringt dann der zweite Hauptteil mit seinem ausführlichen System von Grundrechten und Grundpflichten.

Erster Hauptteil: Aufbau und Aufgaben des Reichs.

Erster Abschnitt: Reich und Länder.

Zur Überschrift. Die neue R.V. behielt für den deutschen Gesamtstaat die Bezeichnung Reich bei, obwohl dieses Wort nach der R. V. von 1871 sowohl als nach dem Sprachgebrauch der älteren Zeiten ebenso wie das lateinische Wort Imperium, dem es entspricht, ein monarchisches, ein Kaiserreich, bedeutet.[1]) Die Glieder des Reichs aber werden nicht mehr Bundesstaaten oder Gliedstaaten genannt wie bisher, sondern Länder. Dies bedeutet sprachlich Anknüpfung zunächst an die Gliederung der bisherigen österreichischen Monarchie in Länder; weiter zurück finden wir diesen Sprachgebrauch aber auch bei dem 1806 untergegangenen alten Reich, von dessen Territorien oder Ländern her die Ausdrücke Landeshoheit, Landesherr, Landesgesetz usw. dann bekanntlich auch auf die Gliedstaaten des Reichs von 1871 angewandt worden waren. In der Vermeidung des Ausdrucks Gliedstaat, der sich noch im zweiten Entwurf zur n. R. V. gefunden hatte, sollte immerhin eine Abschwächung der Selbständigkeit der Reichsglieder zum Ausdruck gebracht werden. Wir sehen uns dadurch aber nicht gehindert, mit der ganz überwiegenden Meinung den Ländern doch die Staatsqualität und dem Ganzen daher den Charakter des Bundesstaats zuzuerkennen (s. über diese Frage noch Schlußabschnitt).

Art. 1. [Staatsform und Staatsgewalt.][2]) **Das Deutsche Reich ist eine Republik.**

Die Staatsgewalt geht vom Volke aus.

---

1) Die französische Sprache hat für Reich denn auch nur den Ausdruck empire, gleich Kaiserreich, und es bereitet ihr jetzt Verlegenheit, die deutsche Republik als empire bezeichnen zu müssen.

2) Die Überschriften zu den Artikeln gehören nicht zum amtlichen Text der R. V. und sind daher hier in Klammern gesetzt. Sie sind wiedergegeben nach der vom Verfassungsausschuß formulierten und benutzten Fassung (vgl. die Ausgabe der R. V. von Conrad Haußmann, Stuttgart 1919, W. Kohlhammer).

In alter Form legt die R.V. zuvörderst die Staatsform des Reichs fest als Republik, als Freistaat, als Staat mit anderer als monarchischer Spitze.[1])

Der zweite Absatz bedeutet die Festlegung des Grundsatzes der Volkssouveränität, des Grundprinzips der Demokratie. Die jetzige Fassung der Stelle ist gegenüber dem Wortlaut im ersten Entwurf, die gelautet hatte: „Alle Staatsgewalt liegt beim deutschen Volk" gewählt, damit der Satz auf Reich wie Länder gleichermaßen bezogen werden könne, ohne die Schlußfolgerung nahezulegen, daß auch die Landesstaatsgewalt bei der Gesamtnation beruhe. Die Formulierung „geht vom Volke aus" statt „liegt beim Volk" verdiente insofern den Vorzug, als sie der in erster Linie repräsentativen Demokratie besser gerecht wird. Mit diesen Worten ist übrigens nur gesagt, daß unter den staatsrechtlich für die Erklärung der Staatsgewalt in Betracht kommenden Faktoren das Volk den Vorrang vor den andern hat, nicht aber, daß das Volk selbst der letzte Urquell aller Staatsgewalt sei; der religiösen Erklärung, daß alle Staatsgewalt von Gott herrührt, ist mit der Bestimmung in Wirklichkeit also nicht vorgegriffen.

Art. 2. [Reichsgebiet.] **Das Reichsgebiet besteht aus den Gebieten der deutschen Länder. Andere Gebiete können durch Reichsgesetz in das Reich aufgenommen werden, wenn es ihre Bevölkerung kraft des Selbstbestimmungsrechts begehrt.**

Entgegen der alten Verfassung läßt die neue eine Aufzählung der Länder, aus denen das Reich besteht (zur Zeit 18), vermissen. Sie wegzulassen empfahl sich allerdings schon deshalb, weil ja mit Veränderungen in dieser Beziehung infolge der Neugliederung des Reichs noch zu rechnen war. Obwohl zur Zeit des Inkrafttretens der Verfassung der Friedensvertrag vom 28. Juni 1919 noch nicht in Kraft war (dies trat erst am 10. Jan. 1920 ein), so sind gemäß Art. 178, II doch die Reichsgrenzen in dem durch den Friedensvertrag bestimmten Umfang anzunehmen. Die Bedeutung des zweiten Satzes, der in erster Linie auf Österreich zielt, liegt darin, daß zu

1) Es sei daran erinnert, daß diese Bedeutung des Wortes Republik keineswegs von jeher feststand. Nicht nur bedeutete das lateinische „res publica" Staatswesen oder Gemeinwesen schlechthin, ohne Rücksicht auf die Staatsform, sondern z. B. auch für Kant ist Republik der Staat mit durchgeführter Gewaltenteilung — evtl. auch ein monarchischer — vgl. seine Schrift: Zum ewigen Frieden, 1. Definitivartikel.

einer Gebietsveränderung von dieser Art nur einfaches R.G., nicht Verfassungsänderung nötig ist.

Art. 3. [Reichsfarben und Handelsflagge.] **Die Reichsfarben sind schwarz-rot-gold. Die Handelsflagge ist schwarz-weiß-rot mit den Reichsfarben in der oberen inneren Ecke.**

Über diese Bestimmung wäre politisch recht viel, juristisch dagegen höchstens soviel zu bemerken, daß rechtliche Pflichten aus ihr allenfalls für öffentliche Behörden erwachsen, nicht dagegen für Privatpersonen, denn diese sind überhaupt nie verpflichtet zu flaggen, also auch nicht mit den richtigen Reichsfarben, ja es dürfte sich auch ein Verbot, mit den alten Farben zu flaggen, rechtlich nicht begründen lassen. — Vgl. jetzt Verordnung über die deutschen Flaggen v. 11. April 1921, RGBl. 1921, S. 483.

Art. 4. [Völkerrecht.] **Die allgemein anerkannten Regeln des Völkerrechts gelten als bindende Bestandteile des deutschen Reichsrechts.**

Der Artikel soll nicht allgemein sagen, daß wir die verpflichtende Natur des Völkerrechts anerkennen; das besonders auszusprechen, hatten wir denn doch nicht nötig, wenn wir auch zugeben müssen, daß wir dem Völkerrecht viel zu wenig Bedeutung zugemessen hatten, sondern die Bestimmung nimmt Stellung zu einer besonderen völkerrechtlichen Streitfrage, der nämlich, ob das Völkerrecht nur den Staat verpflichtet oder auch unmittelbar die einzelnen Staatsbürger; und das Letztere, das natürlich eine weitergehende Anerkennung des Völkerrechts bedeutet und bisher schon im englischen und amerikanischen Recht anerkannt war, wird nun auch von uns bejaht unter Beschränkung allerdings auf die allgemein — also namentlich auch vom Deutschen Reich — anerkannten Regeln des Völkerrechts. Der Satz dürfte am ehesten praktisch werden bei Fragen wie der, ob Akte der deutschen Gerichtsbarkeit gegen fremde Staaten zulässig sind (zu verneinen) oder ob Einzelpersonen Klagen unmittelbar auf völkerrechtliche Sätze stützen können (zu bejahen).

Art. 5. [Ausübung der Staatsgewalt.] **Die Staatsgewalt wird in Reichsangelegenheiten durch die Organe des Reichs auf Grund der Reichsverfassung, in Landesangelegenheiten durch die Organe der Länder auf Grund der Landesverfassungen ausgeübt.**

In diesem Artikel, der von einer Staatsgewalt in Landesangelegenheiten spricht, kann man eine mittelbare Anerkennung der

Staatsqualität der Länder sehen. Er enthält ferner eine Bindung aller Staatsgewalt im Reich wie in den Ländern an die verfassungsmäßigen Grundlagen. Nur mittelbar und leider nicht mit wünschenswerter Deutlichkeit stützt er den weiteren Satz, der das Wesen der gesetzmäßigen Verwaltung und damit ein Kernstück des modernen Rechtsstaats ausmacht, daß die Staatsgewalt bei ihrem Vorgehen im Einzelfall immer eine gesetzliche Grundlage haben muß.

Vorbemerkung zu Art. 6—12 (Zuständigkeitsverteilung). Da das Reich anerkanntermaßen nur die Zuständigkeiten hat, die ihm die Reichsverfassung ausdrücklich zuweist — dieser Satz ist eine Anwendung des eben besprochenen Art. 5 —, so mußte jede Materie namentlich aufgezählt werden, die das Reich sollte gesetzlich regeln können. Diese Zuweisungen sind nun in allerumfassendster Weise durch die Art. 6—11 erfolgt. Der größte Katalog ist der des Art. 7, der dem Art. 4, der bisherigen R. V. im wesentlichen entspricht und das Gebiet umschreibt, auf dem auch nach der n. R. V. das Normalverhältnis zwischen Reich und Ländern herrscht: dem Reich steht die Gesetzgebung zu, aber solange die Materie nicht erschöpfend reichsrechtlich geregelt ist, sind Landesgesetze über sie möglich, Reichs- und Landesgesetzgebung konkurrieren also auf diesen Gebieten. Daneben gibt es, wie ebenfalls schon bisher, ein Gebiet ausschließlicher Gesetzgebung des Reichs, das in Art. 6 umschrieben ist. Während Art. 8 logisch den Fällen des Art. 7 gleichsteht, bringen neue Arten von Reichszuständigkeit die Art. 9—11 mit der Bedarfs- und Grundsatzgesetzgebung, die übrigens beide Unterarten der konkurrierenden Gesetzgebung sind. Art. 12 legt den Unterschied zwischen ausschließlicher und konkurrierender Gesetzgebung fest.

Für die Gebiete, welche die Art. 6—11 der Reichsgesetzgebung zuweisen, gilt nach Art. 15, daß sie auch der Aufsicht des Reichs unterstehen, und zwar ohne Rücksicht darauf, ob dieses von seiner Gesetzgebungsbefugnis schon Gebrauch gemacht hat oder nicht. Dagegen ist die Ausführung der Reichsgesetze nach der Regel des Art. 14 nicht grundsätzlich Sache des Reichs, sondern es spricht die Vermutung dafür, daß sie den Landesbehörden zusteht. Für den größten Teil der gesamten Gesetzgebungsmaterien gilt damit wieder das, was nach Art. 4 der a. R. V. Normalverhältnis war: das Reich hat die Gesetzgebung und Aufsicht, die Länder die Ausführung. Als zweites Gebiet ist ebenso wie früher dasjenige zu bezeichnen, wo das Reich nicht nur die Gesetzgebung, sondern auch die Ausführung hat. Dieses Gebiet, zu dem bisher das Auswärtige, die Reichsmarine und die Reichspost (ferner die Kolonien und Elsaß-Lothringen) gehörten, ist jetzt wesentlich vergrößert durch Einbeziehung der Bahnen und Wasserstraßen und namentlich auch der Ausführung der Reichssteuern in die Reichsverwaltung. Das dritte Gebiet ist dasjenige, auf dem das Reich weder die Gesetzgebung noch die Verwaltung hat; aber dieses Gebiet, zu dem bisher Kirche und Schule, das Landesfinanzwesen einschließlich der Kommunalverwaltung, überhaupt die Organisation der allgemeinen Landesverwaltung und auch ein beträchtlicher Teil des materiellen inneren Verwaltungsrechts (z. B. fast das ganze Agrarrecht) gehörte, ist durch die Grundsatzgesetzgebung des Reichs gemäß Art. 10 und die Erweiterungen, welche Art. 7—9 bringen, ganz wesentlich eingeengt.

Art. 6. [Ausschließliche Reichsgesetzgebung.] **Das Reich hat die ausschließliche Gesetzgebung über: 1. die Beziehungen zum Ausland; 2. das Kolonialwesen; 3. die Staatsangehörigkeit, die Freizügigkeit, die Ein- und Auswanderung und die Auslieferung; 4. die Wehrverfassung; 5. das Münzwesen; 6. das Zollwesen sowie die Einheit des Zoll- und Handelsgebiets und die Freizügigkeit des Warenverkehrs; 7. das Post- und Telegraphenwesen einschließlich des Fernsprechwesens.**

Sachlich neu ist an dieser Aufzählung nur die Einbeziehung der Einwanderung und der Auslieferung (Ziff. 3). Der Katalog der ausschließlichen Reichsgesetzgebungsmaterien wird sich mit der Zeit erweitern dadurch, daß das Reich andere Materien erschöpfend regelt, die zunächst unter Art. 7 fallen. Es gibt außerdem einen Kreis von Materien, die ohne hier aufgezählt zu sein, der Natur der Sache nach zur Reichszuständigkeit gehören, so namentlich alle Reichsverfassungsangelegenheiten.

Art. 7. [Reichsgesetzgebung neben Landesgesetzgebung.] **Das Reich hat die Gesetzgebung über: 1. das bürgerliche Recht; 2. das Strafrecht; 3. das gerichtliche Verfahren einschließlich des Strafvollzugs sowie die Amtshilfe zwischen Behörden; 4. das Paßwesen und die Fremdenpolizei; 5. das Armenwesen und die Wandererfürsorge; 6. das Presse-, Vereins- und Versammlungswesen; 7. die Bevölkerungspolitik, die Mutterschafts-, Säuglings-, Kinder- und Jugendfürsorge; 8. das Gesundheitswesen, das Veterinärwesen und den Schutz der Pflanzen gegen Krankheiten und Schädlinge; 9. das Arbeitsrecht, die Versicherung und den Schutz der Arbeiter und Angestellten sowie den Arbeitsnachweis; 10. die Einrichtung beruflicher Vertretungen für das Reichsgebiet; 11. die Fürsorge für Kriegsteilnehmer und ihre Hinterbliebenen; 12. das Enteignungsrecht; 13. die Vergesellschaftung von Naturschätzen und wirtschaftlichen Unternehmungen sowie die Erzeugung, Herstellung, Verteilung und Preisgestaltung wirtschaftlicher Güter für die Gemeinwirtschaft; 14. den Handel, das Maß- und Gewichtswesen, die Ausgabe von Papiergeld, das Bankwesen sowie das Börsenwesen; 15. den Verkehr mit Nahrungs- und Genußmitteln sowie mit Gegenständen des täglichen Bedarfs; 16. das Gewerbe und den Bergbau; 17. das Versicherungswesen; 18. die Seeschiffahrt, die Hochsee- und die Küstenfischerei; 19. die Eisenbahnen, die Binnenschiffahrt, den Verkehr mit Kraftfahrzeugen zu Lande, zu Wasser und in der Luft, sowie den Bau von Landstraßen, soweit es sich um den allgemeinen Verkehr und die Landesverteidigung handelt; 20. das Theater- und Lichtspielwesen.**

Neu sind in dieser Bestimmung gegenüber der entsprechenden des Art. 4 a. R. V. vor allem die großen Gegenstände der Ziff. 7 und 10, sowie das Enteignungsrecht und das Bergrecht. Indes sind auf den beiden letzteren Gebieten grundsätzliche Neuregelungen seitens des Reichs bis jetzt nicht ergangen; die einschlägigen L.G. bleiben überall, wo dies der Fall ist, nach Art. 12 vorerst in Kraft, und es können sogar neue ergehen (konkurrierende Landesgesetzgebung).

Art. 8. [Reichsabgabengesetzgebung.] **Das Reich hat ferner die Gesetzgebung über die Abgaben und sonstigen Einnahmen, soweit sie ganz oder teilweise für seine Zwecke in Anspruch genommen werden. Nimmt das Reich Abgaben oder sonstige Einnahmen in Anspruch, die bisher den Ländern zustanden, so hat es auf die Erhaltung und Lebensfähigkeit der Länder Rücksicht zu nehmen.**

Der Artikel stellt nur eine Fortsetzung von Art. 7 dar, von dem er lediglich aus äußeren Gründen getrennt wurde. Sein zweiter Satz hat trotz der Befehlsform im wesentlichen doch nur den Wert eines guten Vorsatzes, namentlich läßt sich nicht ersehen, wie daraus etwa die Verfassungswidrigkeit eines Reichssteuergesetzes sollte erwiesen werden können.

Art. 9. [Bedarfsgesetzgebung des Reichs.] **Soweit ein Bedürfnis für den Erlaß einheitlicher Vorschriften vorhanden ist, hat das Reich die Gesetzgebung über: 1. die Wohlfahrtspflege; 2. den Schutz der öffentlichen Ordnung und Sicherheit.**

Die beiden hier erwähnten Materien gehörten bisher zur unumstrittenen Domäne der Landesgesetzgebung, umfaßt doch die zweite das ganze große Gebiet der Polizei. Obwohl nun ihre Zuweisung an den Reichsgesetzgeber von dem Erfordernis eines besonderen Bedürfnisses nach einheitlicher Regelung abhängig gemacht ist, so könnte dieser Art. 9 doch — schon wegen der mit ihm gegebenen höchst bedeutsamen Erweiterung des Reichsaufsichtsrechts (vgl. Art. 15) — ein sehr wuchtiges Instrument des Unitarismus abgeben; man muß dem Takt der Reichsregierung vertrauen, daß von ihr kein mit dem Geist der R.V. nicht mehr verträglicher Gebrauch gemacht werde.

Art. 10. [Reichsgesetzliche Aufstellung von Grundsätzen.] **Das Reich kann im Wege der Gesetzgebung Grundsätze aufstellen für: 1. die Rechte und Pflichten der Religionsgesellschaften; 2. das Schulwesen einschließlich des Hochschulwesens und das wissenschaftliche Büchereiwesen; 3. das Recht der Beamten aller öffentlichen Körperschaften; 4. das Bodenrecht, die Bodenverteilung, das Ansiedlungs- und Heimstättenwesen, die Bindung des Grundbesitzes, das Wohnungswesen und die Bevölkerungsverteilung; 5. das Bestattungswesen.**

Im Gegensatz zu Art. 9 ist die Zuständigkeit des Reichsgesetzgebers nach Art. 10 und 11 nicht beschränkt hinsichtlich des Umfangs der Materie, sondern gewissermaßen hinsichtlich der Intensität der Regelung: das Reich soll hier nur Grundsätze, nur Richtlinien erlassen können, nicht auch die Einzelheiten selbst regeln. Solche Richtlinien sind nun für die meisten der in Art. 10 aufgezählten Materien sofort von der Verfassung selbst unter den Grundrechten und -pflichten erlassen worden, und zwar zu Ziff. 1 die Art. 137—139, zu Ziff. 2 die Art. 142—150, zu Ziff. 3 die Art. 128 bis 132, zu Ziff. 4 Art. 155. Übrigens ist von der Verfassung noch ein weiteres Gebiet für solche reichsrechtlichen Richtlinien stillschweigend in Anspruch genommen worden: für die Landesverfassungen sind zwingende Normen von großer Bedeutung aufgestellt in den Art. 17 und 37—39; vgl. ferner Art. 15, Abs. 2, wo reichsrechtliche Richtlinien für die Ausführung von Reichsgesetzen vorgesehen sind, deren Durchführung im allgemeinen Sache der Landesbehörde ist.

Art. 11. [Reichsgesetzliche Aufstellung von Grundsätzen für Landesabgaben.] **Das Reich kann im Wege der Gesetzgebung Grundsätze über die Zulässigkeit und Erhebungsart von Landesabgaben aufstellen, soweit sie erforderlich sind, um 1. Schädigung der Einnahmen oder der Handelsbeziehungen des Reichs, 2. Doppelbesteuerungen, 3. übermäßige oder verkehrshindernde Belastung der Benutzung öffentlicher Verkehrswege und Einrichtungen mit Gebühren, 4. steuerliche Benachteiligungen eingeführter Waren gegenüber den eigenen Erzeugnissen im Verkehre zwischen den einzelnen Ländern und Landesteilen oder 5. Ausfuhrprämien auszuschließen oder wichtige Gesellschaftsinteressen zu wahren.**

Wichtige Richtlinien im Sinne des Art. 11 enthält nunmehr das Landessteuergesetz vom 20. März 1920.

Art. 12. [Vorläufige Landesgesetzgebung.] **Solange und soweit das Reich von seinem Gesetzgebungsrechte keinen Gebrauch macht, behalten die Länder das Recht der Gesetzgebung. Dies gilt nicht für die ausschließliche Gesetzgebung des Reichs.**

Gegen Landesgesetze, die sich auf Gegenstände des Artikel 7 Ziffer 13 beziehen, steht der Reichsregierung, sofern dadurch das Wohl der Gesamtheit im Reiche berührt wird, ein Einspruchsrecht zu.

Der erste Absatz stellt, vielleicht überflüssigerweise, ausdrücklich fest, was sich aus den Begriffen konkurrierende und ausschließliche Gesetzgebung eigentlich von selbst ergibt. Der zweite Absatz eröffnet einen ganz neuen Weg, um die Überlegenheit des Reichs über die Länder geltend zu machen, indem er vorsieht, daß einem Landesgesetz nicht durch einen Akt der Reichsgesetzgebung, sondern der Reichsregierung entgegengetreten wird. Dieses Mittel zielt hier auf den Fall bedenklicher Sozialisierungsexperimente der Länder ab. Welche Rechtswirkungen dieser Einspruch der Reichsregierung haben soll, was für ein Verfahren sich weiter an ihn anschließt, ist nicht gesagt; man wird aber soviel sagen können, daß, solange der Einspruch erhoben und nicht als erledigt wieder zurückgezogen ist, das angegriffene L.G. jedenfalls keine Wirkung ausüben kann. Da Art. 12 von Landesgesetzen, nicht Gesetzentwürfen spricht, wird man annehmen müssen, daß der Einspruch auch gegen schon in Kraft getretene Gesetze erhoben werden kann.[1]) Dies fordert auch die Zweckmäßigkeit, da das Reich manchmal erst durch die Folgen eines in Kraft getretenen Landesgesetzes von dessen Bedeutung sich überzeugen kann. Daß ein solcher Eingriff auch gegenüber einem fertigen Gesetz nicht mehr als etwas Unerhörtes betrachtet werden darf, das beweist jetzt namentlich auch das Landessteuergesetz, das ein ähnliches Einspruchsrecht des Reichs speziell gegenüber Landes- und Gemeindesteuergesetzen anordnet und es in § 4 ausdrücklich mit der Wirkung ausstattet, daß die angefochtenen Landessteuergesetze aufgehoben oder abgeändert werden müssen.

Art. 13. [Reichsrecht und Landesrecht.] **Reichsrecht bricht Landrecht. Bestehen Zweifel oder Meinungsverschiedenheiten darüber, ob eine landesrechtliche Vorschrift mit dem Reichsrecht vereinbar ist, so kann die zuständige Reichs- oder Landeszentralbehörde nach näherer Vorschrift eines Reichsgesetzes die Entscheidung eines obersten Gerichtshofes des Reichs anrufen.**

Der Satz, daß Reichsrecht dem Landesrecht vorgehen muß, ist einer der Grundpfeiler eines jeden Bundesstaatrechts und wird von der n. R. V. nun etwas eigenartigerweise in der Form eines alten Rechtssprichworts gebracht.

Die ausschließende Wirkung des Reichsgesetzes, die sich nur auf den Gebieten der konkurrierenden Reichsgesetzgebung (vgl. oben Vorbemerkung zu Art. 6—12) so entfalten kann, geht dabei soweit, als die Regelung des Reichsgesetzes erschöpfend sein will. Wie weit das der Fall ist, kann manchmal streitig sein. Beispielsweise wird aus dem Schweigen des Reichsstrafgesetzbuchs über die Strafbarkeit des Konkubinats teils der Schluß gezogen, daß dieser Tatbestand im Deutschen Reich nicht strafbar sein soll, weil die Sittlichkeitsdelikte im Strafgesetzbuch erschöpfend geregelt sind, teils wird das letztere nicht anerkannt und daher die Zulässigkeit landesrechtlicher Straf-

1) Anschütz, Anm. 3 zu Art. 12 und Poetzsch, Anm. 6 zu Art. 12; wie hier Giese, Anm. zu Art. 12.

bestimmungen gegen das Konkubinat behauptet. (Vgl. Frank, Komm. d. StGB. 11.—14. Aufl. S. 712.)

Abs. 2 bringt eine interessante Neuerung. Die Frage, ob eine landesrechtliche Norm mit dem Reichsrecht vereinbar sei, konnte bisher überhaupt nur dadurch vor ein richterliches Forum gebracht werden, daß sie Vorfrage in einem (Zivil-, Straf- oder Verwaltungs-)Prozeß wurde, dessen Entscheidung von ihrer Beurteilung abhing. Von der Rechtskraft der Urteilsgründe wurde die Entscheidung dieser Vorfrage dann nicht erfaßt, sie konnte also immer wieder anders beurteilt werden. Dem beugt Art. 13 Abs. 2 jetzt vor. Er eröffnet ein Verfahren, das auch den Vorzug hat, daß solche Streitfragen sofort, wenn sie auftauchen, nicht erst, wenn zufällig ein Prozeß dazu Anlaß gibt, entschieden werden. Das hier verheißene Gesetz ist ergangen am 8. April 1920 (RGBl. 1920 S. 510) und erklärt das Reichsgericht (nicht, wie man hätte erwarten mögen, den Staatsgerichtshof) für zuständig in solchen Fragen. Für den ganz ähnlichen Fall des § 6 L. St. G. (Unvereinbarkeit eines Landes- oder Gemeindesteuergesetzes mit dem Reichssteuerrecht vgl. Art. 11) ist zweckmäßigerweise der Reichsfinanzhof für zuständig erklärt. Diese beiden höchsten Gerichtshöfe treffen ihre Entscheidung in solchen Fällen in Form eines Beschlusses, dem vom Gesetz ausdrücklich Gesetzeskraft beigelegt ist, der also wie eine maßgebende Auslegung (authentische Interpretation) wirkt. Er wird denn auch (ohne Gründe) im RGBl. veröffentlicht. Das Reichsgericht hat schon mehrere Entscheidungen dieser Art zu fällen gehabt, in denen es schulrechtliche Bestimmungen in Gesetzen von Sachsen, Hamburg und Bremen, die den Religionsunterricht alsbald abschaffen wollten (vgl. unten Art. 146 und 174), als mit der Verfassung in Widerspruch stehend erklärte (vgl. RGBl. 1920 S. 2016).

Art. 14. [Ausführung der Reichsgesetze.] **Die Reichsgesetze werden durch die Landesbehörden ausgeführt, soweit nicht die Reichsgesetze etwas anderes bestimmen.**

Von diesem Grundsatz sind Ausnahmen gemacht nicht nur durch die Verfassung selbst, die reichseigene Verwaltungsbehörden auf dem Gebiet der Post, Bahn, Wasserstraßen und der Zölle und Verbrauchssteuern vorsieht, sondern weitergehend auch (durch einfaches Reichsgesetz) für die Finanzverwaltung, die durch die Reichsabgabenordnung vom 13. Dez. 1919 ganz an Reichsbehörden übertragen ist.

Art. 15. [Reichsaufsicht in den Ländern.] **Die Reichsregierung übt die Aufsicht in den Angelegenheiten aus, in denen dem Reiche das Recht der Gesetzgebung zusteht.**

Soweit die Reichsgesetze von den Landesbehörden auszuführen sind, kann die Reichsregierung allgemeine Anweisungen erlassen. Sie ist ermächtigt, zur Überwachung der Ausführung der Reichsgesetze zu den Landeszentralbehörden und mit ihrer Zustimmung zu den unteren Behörden Beauftragte zu entsenden.

Die Landesregierungen sind verpflichtet, auf Ersuchen der Reichs-

regierung Mängel, die bei der Ausführung der Reichsgesetze hervorgetreten sind, zu beseitigen. Bei Meinungsverschiedenheiten kann sowohl die Reichsregierung als die Landesregierung die Entscheidung des Staatsgerichtshofs anrufen, soweit nicht durch Reichsgesetz ein anderes Gericht bestimmt ist.

Die Reichsaufsicht war in der a. R. V. etwas dürftig geregelt. Die bei ihr sich ergebenden Fragen sind dann sehr gründlich untersucht worden in dem hochbedeutenden Werk von Triepel, Die Reichsaufsicht, 1917. Unter teilweiser Verwertung seiner Ergebnisse ist hier nun die Frage etwas eingehender geregelt. Abs. 1 umschreibt den Umfang der Reichsaufsicht, und zwar in Klärung einer bisherigen Streitfrage dahin, daß sie eben soweit reicht wie die Gesetzgebungskompetenz des Reichs, ohne Rücksicht darauf, ob von ihr schon Gebrauch gemacht ist oder nicht. Die Reichsaufsicht wird sich aber in diesen beiden Fällen verschieden gestalten. Soweit Reichsgesetze ergangen sind, ist das Aufsichtsrecht von ihrem Inhalt abhängig („abhängige Aufsicht"); sie hat dann zum Ziel die Prüfung der Frage, ob die Reichsgesetze richtig ausgeführt werden, sie ist ihrem Wesen nach also Rechtskontrolle. Wo dagegen Reichsgesetze nicht ergangen sind, ist die Aufsicht freier („selbständige Aufsicht"); sie wird darauf achten, ob nicht durch gesetzgeberische oder Verwaltungsakte der Länder die Interessen des Reichs beeinträchtigt werden. Sie wird namentlich auch Material für die Beurteilung der Frage sammeln, ob ein Eingreifen des Reichsgesetzgebers nun angezeigt erscheint.

Abs. 2 gibt zwei wichtige Mittel für die Ausübung der (abhängigen) Reichsaufsicht an die Hand: den Erlaß von Anweisungen und die Entsendung besonderer Reichsbeauftragten. Letztere können aber ohne Zustimmung der Landeszentralbehörde nicht zu den unteren Verwaltungsbehörden gesandt werden. Damit ist der wichtige Grundsatz gewahrt, daß sich die Reichsaufsicht gegen die Länder als solche richtet, nicht gegen ihre Behörden.

Abs. 3 umschreibt die Wirkung des Eingreifens kraft der Reichsaufsicht. Es ist sehr bemerkenswert, daß Meinungsverschiedenheiten zwischen dem Reich und einem Land, die bei ihr hervortreten, nicht vom Reich durch überlegenen Befehl beseitigt werden, sondern daß auch in diesem Fall das Reich sich der Entscheidung eines unparteiischen Gerichts unterwirft. Man ersieht aus dieser Stelle, daß im Bundesstaat Oberstaat und Gliedstaat in wichtigen Beziehungen im Verhältnis der Gleichordnung stehen. Belege dafür bieten ja auch Art. 13 Abs. 2 u. Art. 19.

Art. 16. [Reichsbeamte in den Ländern.] **Die mit der unmittelbaren Reichsverwaltung in den Ländern betrauten Beamten sollen in der Regel Landesangehörige sein. Die Beamten, Angestellten und Arbeiter der Reichsverwaltung sind auf ihren Wunsch in ihren Heimatgebieten zu verwenden, soweit dies möglich ist und nicht Rücksichten auf ihre Ausbildung oder Erfordernisse des Dienstes entgegenstehen.**

Als Gegengewicht gegen den Unitarismus, den der Übergang von Bahnen und Wasserstraßen sowie der bayerischen und württembergischen Post auf das Reich fördert, ist hier ein Heimatprinzip festgelegt, das teils den Ländern, teils den Beamten selbst gewisse Ansprüche verleiht. Als echte Rechtsansprüche können sie allerdings mit Rücksicht auf die nicht genügende Bestimmtheit der Ausdrücke („soll" — „soweit möglich") weder im einen noch im andern Fall anerkannt werden.

Art. 17. [Verfassung der Länder.] **Jedes Land muß eine freistaatliche Verfassung haben. Die Volksvertretung muß in allgemeiner, gleicher, unmittelbarer und geheimer Wahl von allen reichsdeutschen Männern und Frauen nach den Grundsätzen der Verhältniswahl gewählt werden. Die Landesregierung bedarf des Vertrauens der Volksvertretung.**

Die Grundsätze für die Wahlen zur Volksvertretung gelten auch für die Gemeindewahlen. Jedoch kann durch Landesgesetz die Wahlberechtigung von der Dauer des Aufenthalts in der Gemeinde bis zu einem Jahre abhängig gemacht werden.

Im Gegensatz zur a. R. V. verzichtet die neue nicht darauf, für die Staats- und Regierungsform der Reichsglieder bindende Grundsätze aufzustellen. Damit ist Art. 17 zu einer für das Verhältnis des Reichs zu den Ländern sehr wesentlichen Norm geworden. Er verlangt überall eine republikanische demokratische Ausgestaltung des Staatswesens. Durch Abs. 1 ist ebenso wie irgendwelches aristokratische oder plutokratische System auch die Räterepublik unmöglich gemacht, in der ja auch das Wahlrecht zugunsten der Vorrechte einer Klasse Einschränkungen erleidet. Über die Art der Bestellung der Regierung sagt Abs. 1 nichts absolut Bindendes. Außer der Bildung auf dem üblichen parlamentarischen Weg ist damit namentlich auch möglich förmliche Wahl der ganzen Regierung durch das Parlament, wie sie tatsächlich z. B. nach der neuen badischen Verfassung vom 21. März 1919 stattfindet.

Abs. 2 gilt nur für Gemeinden im engeren Sinne, also nicht für die höheren Kommunalverbände.

Art. 18. [Umgestaltung der Länder.] **Die Gliederung des Reichs in Länder soll unter möglichster Berücksichtigung des Willens der beteiligten Bevölkerung der wirtschaftlichen und kulturellen Höchstleistung des Volkes dienen. Die Änderung des Gebiets von Ländern und die Neubildung von Ländern innerhalb des Reichs erfolgen durch verfassungsänderndes Reichsgesetz.**

Stimmen die unmittelbar beteiligten Länder zu, so bedarf es nur eines einfachen Reichsgesetzes.

Ein einfaches Reichsgesetz genügt ferner, wenn eines der beteiligten Länder nicht zustimmt, die Gebietsänderung oder Neubildung aber durch den Willen der Bevölkerung gefordert wird und ein überwiegendes Reichsinteresse sie erheischt.

Der Wille der Bevölkerung ist durch Abstimmung festzustellen. Die Reichsregierung ordnet die Abstimmung an, wenn ein Drittel der zum Reichstag wahlberechtigten Einwohner des abzutrennenden Gebiets es verlangt.

Zum Beschluß einer Gebietsänderung oder Neubildung sind drei Fünftel der abgegebenen Stimmen, mindestens aber die Stimmenmehrheit der Wahlberechtigten erforderlich. Auch wenn es sich nur um Abtrennung eines Teiles eines preußischen Regierungsbezirkes, eines bayerischen Kreises oder in anderen Ländern eines entsprechenden Verwaltungsbezirkes handelt, ist der Wille der Bevölkerung des ganzen in Betracht kommenden Bezirkes festzustellen. Wenn ein räumlicher Zusammenhang des abzutrennenden Gebiets mit dem Gesamtbezirke nicht besteht, kann auf Grund eines besonderen Reichsgesetzes der Wille der Bevölkerung des abzutrennenden Gebiets als ausreichend erklärt werden.

Nach Feststellung der Zustimmung der Bevölkerung hat die Reichsregierung dem Reichstag ein entsprechendes Gesetz zur Beschlußfassung vorzulegen.

Entsteht bei der Vereinigung oder Abtrennung Streit über die Vermögensauseinandersetzung, so entscheidet hierüber auf Antrag einer Partei der Staatsgerichtshof für das Deutsche Reich.

Nachdem es in den ersten Wochen nach der Revolution geschienen hatte, als sollte überhaupt kein Grenzpfahl innerhalb Deutschlands an seiner Stelle bleiben und die Staatsgründungs- und Umgründungspläne kein Ende nehmen wollten, hat sich in der Folge sehr rasch die Kraft der bisherigen Staatsverbände, vor allem auch Preußens, als allerwichtigster Faktor für die Gliederung des Reichs erwiesen. Es zeigte sich bald, daß allerdings aus den verschiedenen thüringischen Staaten ein neues Gebilde zu errichten sein werde, und auch für Oberschlesien mußte aus außerpolitischen Gründen etwas Besonderes vorgesehen werden, im übrigen aber wurde der Neugliederungsartikel zu einem solchen eigentlich nur noch für die Selbständigkeitsbestrebungen des Rheinlands und evtl. Hannovers. Nachdem sich im Laufe der Verfassungsberatung der Staatenausschuß unter preußischer Führung lange gegen die Möglichkeit gesträubt hatte, eine Absplitterung gegen den Willen des Hauptlandes zuzulassen, ist diese Möglichkeit dann schließlich doch eröffnet, aber freilich sehr erschwert und außerdem an eine zweijährige Sperrfrist gebunden worden (Art. 167). Sollte nach ihrem Ablauf (14. Aug. 1921) für die Rheinlande oder einen andern Gebietsteil eines Landes von Art. 18 Gebrauch gemacht werden, so wäre nötig, daß zunächst ein Drittel der reichstagswahlberechtigten Bevölkerung des abzutrennenden Gebietes es verlangt. Dieses Verlangen braucht nicht in einheitlicher Willenskundgebung gestellt zu werden, sondern wird normalerweise durch Aufbringung der Unterschriften nachzuweisen sein. Ist es gültig gestellt, so hat die Reichsregierung die Abstimmung anzuordnen. Bei dieser muß sich nun eine Dreifünftelmehrheit für die Abtrennung aussprechen. Diese Mehrheit muß aber zugleich die absolute Mehrheit aller Wahlberechtigten sein. Auch dann noch hat es die Reichsgesetzgebung in der Hand, das Gesetz, das zwar eingebracht werden muß, über das aber der Reichstag ebenso frei zu beschließen hat wie über ein anderes, anzunehmen oder nicht.

Wesentlich einfacher liegt die Sache, wenn die beteiligten Länder einverstanden sind (vgl. Abs. 2). Auf Grund dieser Bestimmung sind seither ergangen die Gesetze betreffend das Land Thüringen und betreffend die Vereinigung Koburgs mit Bayern, beide vom 30. April 1920, RGBl. 1920, S. 841 und 842. Wegen Oberschlesien siehe bei Art. 167.

Art. 19. [Verfassungsstreitigkeiten.] **Über Verfassungsstreitigkeiten innerhalb eines Landes, in dem kein Gericht zu ihrer Erledigung besteht, sowie über Streitigkeiten nichtprivatrechtlicher Art zwischen verschiedenen Ländern oder zwischen dem Reiche und einem Lande entscheidet auf Antrag eines der streitenden Teile der Staatsgerichtshof für das Deutsche Reich, soweit nicht ein anderer Gerichtshof des Reichs zuständig ist.**

Der Reichspräsident vollstreckt das Urteil des Staatsgerichtshofs.

Der Artikel ist sichtlich ein Ersatz für Art. 76 der a. R. V. Er zieht aber außer den beiden dort behandelten Fällen (Verfassungstreitigkeiten innerhalb eines Landes und öffentlich-rechtliche Streitigkeiten zwischen mehreren Ländern) noch eine dritte Art von

Streitigkeiten heran: öffentlich-rechtliche Streitigkeiten zwischen dem Reich und den Ländern. Für alle drei Fälle wird nicht der Reichsrat zur Entscheidung berufen, der dem bisher zuständigen Bundesrat entsprechen würde, sondern der Staatsgerichtshof (Art. 168). Diese Regelung gilt aber nur subsidiär, d. h. wenn für die Erledigung solcher Streitigkeiten nichts anderes vorgesehen ist; daher geht die oben zu Art. 13, II erwähnte Zuständigkeit des Reichsgerichts und Reichsfinanzhofs für gewisse rechtliche Streitigkeiten zwischen Reich und Ländern vor.

Zweiter Abschnitt: Der Reichstag.

Während in der a. R. V. der Reichstag unter den Hauptorganen erst an dritter Stelle, nach Bundesrat und Kaiser, behandelt wurde, erscheint er in der n. R. V. als erstes und wichtigstes Organ und ist das in der Tat auch nach der Ausgestaltung seiner rechtlichen Stellung. Ganz überragend ist die Stellung des Reichstags in der Gesetzgebung; in dieser Beziehung gibt sich formell der größte Unterschied gegenüber früher kund: während nach der a. R. V. der Reichstag nur zur Mitwirkung bei der Gesetzgebung berufen war, zu einer Rolle, die hinter der des Bundesrats zurückstand, weil dieser ja die Sanktion hatte, werden jetzt die Gesetze vom Reichstag zwar nicht ausschließlich, aber doch in erster Linie inhaltlich bestimmt, und formell gehen sie überhaupt nur von ihm aus. „Die Reichsgesetze werden vom Reichstag beschlossen", sagt Art 68; dies ist allerdings nicht erschöpfend, es schließt nicht aus, daß dem Reichsrat in der Gesetzgebung auch eine nicht unwichtige Rolle zukommt und auch dem Reichswirtschaftsrat eine Einflußnahme auf sie möglich ist, und weiter kann ja das Volk am Gesetzgebungsverfahren beteiligt sein, und wenn es der Fall ist, geht seine Willenskundgebung sogar der des Reichstags vor. — Der Reichstag hat ferner einen, wenn auch nur mittelbaren, so doch wesentlichen Einfluß auf die vollziehende Gewalt: durch das parlamentarische System, wie es Art. 54 festlegt, ist eine enge Abhängigkeit der Reichsregierung vom Reichstag und damit der letzten Endes entscheidende Einfluß der Volksvertretung auf die Handhabung der vollziehenden Gewalt gesichert.

In Beziehung auf die Formation und die Äußerlichkeiten der Stellung des Reichstags und seiner Mitglieder, von denen der vorliegende Abschnitt zunächst allein handelt (wegen der materiellen Befugnisse vgl. den Abschnitt „Gesetzgebung"), sind die Neuerungen weniger grundlegend. Sie bestehen namentlich in der weiteren Demokratisierung des Wahlrechts, ferner in der Verkürzung der Wahlperiode auf 4 Jahre, Ausbildung des Selbstversammlungsrechts, genaueren Festlegung der Hausverfassung, Bildung eines besonderen Wahlprüfungsgerichts, Ausgestaltung besonderer Ausschüsse und Gewährung des Rechts der Zeugnisverweigerung an die Abgeordneten.

Art. 20. [Zusammensetzung.] **Der Reichstag besteht aus den Abgeordneten des deutschen Volkes.**

Art. 21. [Entschließungsfreiheit der Abgeordneten.] **Die Abgeordneten sind Vertreter des ganzen Volkes. Sie sind nur ihrem Gewissen unterworfen und an Aufträge nicht gebunden.**

Dies sind Programmsätze, von denen man wünschen möchte, daß sie immer volle Wahrheit werden möchten. Satz 2 von Art. 21 ist aus den Verfassungen aus dem Anfang des 19. Jh. übernommen und bedeutete dort die bewußte Abkehr vom Vertretungssystem des ständischen Staates, wo die Vertreter der einzelnen Stände an die Mandate ihrer Auftraggeber oft in aller Form gebunden waren.[1]) Einen Gegensatz bildet zu dieser Bestimmung jetzt namentlich auch die Art, wie die Reichsratsabgeordneten abstimmen.

Die Art. 20 und 21 wie auch mehrere der folgenden lauten, als ob es keine Parteien und keinen Fraktionszwang gebe, Festlegungen, die den Satz, daß der Abgeordnete Vertreter des ganzen Volkes und an keine Weisungen gebunden sei, doch manchmal als ziemliche Illusion erscheinen lassen. Gerade dem Parteizwang gegenüber wird aber praktisch die Wirkung des Art. 21, die dahin geht, daß solche Bindungen nur intern verpflichten können, niemals also Zuwiderhandlung gegen sie eine Stimme ungültig macht.

Art. 22. [Wahl der Abgeordneten.] **Die Abgeordneten werden in allgemeiner, gleicher, unmittelbarer und geheimer Wahl von den über zwanzig Jahre alten Männern und Frauen nach den Grundsätzen der Verhältniswahl gewählt. Der Wahltag muß ein Sonntag oder öffentlicher Ruhetag sein.**

Das Nähere bestimmt das Reichswahlgesetz.

Diese Formulierung stellt eine ziemlich wörtliche Erfüllung der Forderungen des Erfurter Programms der sozialdemokratischen Partei Deutschlands vom Jahre 1891 dar. Die Neuerungen gegenüber dem bisherigen Reichstagswahlrecht bestehen in der Herabsetzung des Wahlalters von 25 auf 20 Jahre, der Zulassung der Frauen zum Wahlrecht und der Verhältniswahl. Entsprechend Abs. 2 ist ergangen das Reichswahlgesetz vom 27. April 1920 (RGBl. 1920, S. 627); dazu die vom Reichsminister des Innern mit Zu-

---

1) Übrigens ist die Forderung strenger Bindung der Abgeordneten an den Willen der Wähler neuestens gelegentlich von den äußersten Linksparteien wieder erhoben worden. In der russischen Sowjetverfassung vom 28. Juli 1918 wird sie in der Tat, wenn auch nicht durch förmliche Verpflichtung auf Aufträge, so doch, ebenso wirksam, durch jederzeitige Abberufbarkeit der Abgeordneten gesichert.

stimmung des Reichsrats erlassene Reichswahlordnung vom 1. Mai 1920, die auch schon eine Neufassung erlebt hat unterm 21. Dez. 1920 (RGBl. 1920, S. 2171).

Das Wahlgesetz enthält eine Reihe für das Wahlrecht im allgemeinen wichtiger Bestimmungen, so über den Ausschluß vom Wahlrecht (z. B. wegen Entmündigung, Verlust der bürgerlichen Ehrenrechte), über sein Ruhen für Angehörige der Wehrmacht und über das Alter für die Wählbarkeit (25 Jahre). Neben der Wählerliste ist jetzt auch die Anlage einer Wähler-Kartei zugelassen. Wähler, die ihr Stimmrecht nicht am Wahlorte ausüben können, können einen Wahlschein erhalten und mit diesem in jedem Wahlbezirke wählen.

Was das Wahlverfahren betrifft, so weicht das vom Reichswahlgesetz angenommene Verfahren, das erstmals in Baden im Jahre 1919 erprobt wurde, erheblich ab von dem bei den Wahlen zur Nationalversammlung im Jahre 1919 beobachteten. Dem letzteren lag das sog. d'Hondtsche System zugrunde, nach welchem die Zahl der auf einen Wahlkreis entfallenden Sitze im voraus festbestimmt ist, und dann auf die verschiedenen Parteien nach ihrer Stimmenzahl verteilt wird. Demgegenüber wird nach dem jetzt angenommenen sog. automatischen System ein Abgeordnetensitz auf je 60000 Stimmen vergeben, so daß eine Partei von den Erfolgen oder Mißerfolgen einer anderen Partei nicht mehr unmittelbar beeinflußt wird. Die Zahl der Abgeordneten ist hiernach keine bestimmte, sondern hängt von der Wahlbeteiligung ab: wenn von den etwa 36 Millionen Wählern die wir im Deutschen Reiche haben, 30 Millionen ihre Stimme abgeben, so steigt die Abgeordnetenzahl auf 500. Eine zweite erhebliche Neuerung ist die Zulassung von Reichswahlvorschlägen, denen alle Stimmen überwiesen werden, die in den Wahlkreisen und demnächst in den Wahlkreisverbänden (bestehend aus je 2—3 Wahlkreisen) nicht zur Erlangung eines Abgeordnetensitzes gereicht hatten.

Die Stimmzettel dürfen nur Namen aus einem einzigen Wahlkreisvorschlag enthalten; es brauchen übrigens nicht die Namen aller Kandidaten darauf zu stehen, denen der Wähler seine Stimme zukommen lassen will, sondern ein Name genügt und sogar statt des Namens einfach die Bezeichnung des Wahlvorschlags. Das hat zur Folge, daß die allermeisten Wähler gar nicht wissen, welchen Personen sie ihre Stimme geben; ob man diese Art des Wählens noch ein direktes Wahlrecht nennen kann, ist sehr zweifelhaft. Die Angabe einer Partei auf dem Stimmzettel wird nicht beachtet, weitere Angaben aber machen den Stimmzettel ungültig. Der Wähler ist also namentlich auch nicht in der Lage, einen ihm nicht genehmen Kandidaten wirksam von seiner Liste zu streichen (entweder wird die Streichung nicht beachtet, oder der Stimmzettel wird ungültig), er ist vielmehr in dieser Beziehung vollständig der Parteileitung untergeordnet.

Art. 23. [Wahlperiode.] **Der Reichstag wird auf vier Jahre gewählt. Spätestens am sechzigsten Tage nach ihrem Ablauf muß die Neuwahl stattfinden.**

Der Reichstag tritt zum ersten Male spätestens am dreißigsten Tage nach der Wahl zusammen.

Kurze Wahlperioden haben den Nachteil, daß sie die Aufregungen und Kosten eines Wahlkampfes häufiger nötig machen, lange bringen die Gefahr mit sich, daß der Reichstag leicht aufhört, ein Spiegelbild der Stimmung des Volks zu sein. Die neue R. V. wählt mit vier Jahren wohl die richtige Mitte zwischen der bisherigen fünfjährigen und der früheren dreijährigen Periode, zu der die Entwürfe hatten zurückkehren wollen. Wie der Reichstag beeinflußt wird durch die andere große Willenskundgebung des Volks, diejenige bei der Präsidentenwahl, die alle sieben Jahre stattfindet, bleibt abzuwarten.

Art. 24. [Zusammentritt und Schluß des Reichstags.] **Der Reichstag tritt in jedem Jahre am ersten Mittwoch des November am Sitz der Reichsregierung zusammen. Der Präsident des Reichstags muß ihn früher berufen, wenn es der Reichspräsident oder mindestens ein Drittel der Reichstagsmitglieder verlangt.**

Der Reichstag bestimmt den Schluß der Tagung und den Tag des Wiederzusammentritts.

Der Reichstag tritt nur auf Grund seines Selbstversammlungsrechts zusammen, das entweder ein gesetzliches ist (Art. 23 Abs. 2 und Art. 24 Abs. 1 Satz 1) oder ein vom Reichstag unmittelbar selbst (Art. 24 Abs. 2) oder durch sein Organ, den Reichstagspräsidenten, bestätigtes (Art. 24 Abs. 1 Satz 2); der Reichstagspräsident handelt dabei allerdings unter Umständen nicht frei, sondern er entspricht einem Verlangen des Reichspräsidenten oder eines Drittels der Reichstagsmitglieder. Ein direktes Einberufungsrecht ist dagegen dem Reichspräsidenten nicht gegeben, während die Entwürfe noch ein solches vorgesehen hatten.

Über die verschiedenen Abschnitte in der Versammlung des Reichstags ist folgendes zu bemerken:

1. Die vierjährige Zeit, für die der Reichstag gewählt wird, nennt die R. V. (vgl. Art. 27 und 35) Wahlperiode; früher wurde dafür der Ausdruck Legislaturperiode gebraucht. Der Ablauf der Wahlperiode, die vom Tag der Neuwahl ab zu rechnen ist, bewirkt — ebenso wie eine Auflösung — Verlust der Mandate und aller damit verbundenen Vorrechte. Unbeschadet dessen haben allerdings der Reichstagspräsident und der ständige Ausschuß ihre Funktionen bis zum Zusammentritt des neuen Reichstags weiter auszuüben. Daß nicht erledigte Entwürfe und sonstige Arbeiten mit dem Ende einer Wahlperiode gegenstandslos werden, ist selbstverständlich.

2. Die Arbeitsabschnitte innerhalb einer Wahlperiode heißen Tagungen (Art. 24, 27, 35; Art. 37 gebraucht für denselben Begriff den Ausdruck Sitzungsperiode). Das Ende der Tagung wird von niemand anders als vom

Reichstag selbst bestimmt Art. 24, Abs. 2). Man nennt dieses Ende Schließung des Reichstags, wenn auch die n. R. V. den Ausdruck nicht ausdrücklich gebraucht. Auf eine solche Schließung erfolgt der Neuzusammentritt, z. B. der am ersten Mittwoch des November, von dem Art. 24, Abs. 1 spricht; es ist damit der Anhaltspunkt gegeben, daß eine solche Schließung jährlich wenigstens einmal stattfindet. Die Funktionen des Reichstagspräsidenten und des ständigen Ausschusses gelten auch für die Zeit der Schließung weiter, beim Neuzusammentritt werden aber das Präsidium und sämtliche Ausschüsse neu gewählt. Mit der Schließung hört die Unverfolgbarkeit der Abgeordneten nach der ausdrücklichen Bestimmung des Art. 37 auf; im übrigen behalten aber die Abgeordneten ihre Vorrechte, z. B. das der freien Eisenbahnfahrt. Im bisherigen Recht war anerkannt, daß das Ende einer Tagung auf nicht durchgegangene Gesetzentwürfe rechtsvernichtend wirkte, so daß sie bei der neuen Tagung ganz neu aufgenommen werden mußten (Laband hatte mit Beziehung hierauf von einer „Diskontinuität der Sitzungsperioden" gesprochen). Obwohl es an einer ausdrücklichen Bestimmung hierüber im neuen Recht wieder fehlt, wird dasselbe doch auch jetzt anzunehmen sein.

3. Kürzere, immerhin auch noch mehrere Tage umfassende Arbeitspausen, die die Rechtsstellung der Abgeordneten und die Funktionen der Ausschüsse unberührt lassen, nennt man Vertagungen. Dieser Ausdruck gilt außerdem, ebenso wie im früheren Recht, von der Verschiebung der Fortsetzung der Arbeit auf den folgenden Tag.

Art. 25. [Auflösung des Reichstags.] **Der Reichspräsident kann den Reichstag auflösen, jedoch nur einmal aus dem gleichen Anlaß.**

Die Neuwahl findet spätestens am sechzigsten Tage nach der Auflösung statt.

Eines der wichtigsten Rechte des Reichspräsidenten. Es fragt sich nur, ob er von ihm jemals wird Gebrauch machen können. Man kann das um so mehr bezweifeln, als der französische Präsident, dem formell das gleiche Recht zusteht, von einem einzigen Fall (im Jahre 1877) abgesehen, von ihm nie Gebrauch gemacht hat. Da nämlich die Auflösung der Gegenzeichnung bedarf, und zwar als politischer Akt ersten Ranges, der des Reichskanzlers, so setzt sie voraus, daß der Reichspräsident in einem Konflikt mit dem Reichstag den Reichskanzler und mehr oder weniger das ganze Ministerium auf seiner Seite hat.

Art. 26. [Wahl des Präsidiums; Geschäftsordnung.] **Der Reichstag wählt seinen Präsidenten, dessen Stellvertreter und seine Schriftführer. Er gibt sich seine Geschäftsordnung.**

Art. 27. [Geschäftsführung in Zwischenzeiten.] **Zwischen zwei Tagungen oder Wahlperioden führen Präsident und Stellvertreter der letzten Tagung ihre Geschäfte fort.**

Art. 28. [Hausrecht im Reichstagsgebäude.] **Der Präsident übt das Hausrecht und die Polizeigewalt im Reichstagsgebäude aus. Ihm**

untersteht die Hausverwaltung; er verfügt über die Einnahmen und Ausgaben des Hauses nach Maßgabe des Reichshaushalts und vertritt das Reich in allen Rechtsgeschäften und Rechtsstreitigkeiten seiner Verwaltung.

Eine Verstärkung der Rechtsstellung der Reichstagspräsidenten bedeutet einmal die Fortdauer seiner Funktion, selbst über das Ende einer Wahlperiode hinaus, und dann die Übertragung nicht nur des Hausrechts, d. h. der aus dem Eigentum am Reichstagsgebäude entspringenden Befugnisse, sondern auch der Polizeigewalt an ihn. Die letztere bewirkt, daß, wenn die Sicherheit und Ordnung des Reichstags von Dritten und außerhalb der Sitzung bedroht wird (innerhalb der Sitzungen greift die Sitzungspolizei ein), der Reichstagspräsident sich nicht notwendig an die Ortspolizeibehörde, also das Polizeipräsidium in Berlin zu wenden braucht, sondern selbst das Nötige vorkehren kann. Doch wird er in Ermangelung ausreichenden eigenen Exekutionspersonals häufig auf die Amtshilfe der ordentlichen Polizei angewiesen sein. Um Störungen von außen vorzubeugen, ist ein Gesetz über die Befriedung der Gebäude des Reichstags und der Landtage vom 8. Mai 1920 (RGBl. 1920, S. 909) erlassen, das innerhalb eines von der Regierung näher bestimmten Umkreises von einigen hundert Metern um den Reichstag Versammlungen unter freiem Himmel und Umzüge verbietet.

Art. 29. [Öffentlichkeit der Verhandlungen.] **Der Reichstag verhandelt öffentlich. Auf Antrag von fünfzig Mitgliedern kann mit Zweidrittelmehrheit die Öffentlichkeit ausgeschlossen werden.**

Art. 30. [Verantwortungsfreie Berichterstattung.] **Wahrheitsgetreue Berichte über die Verhandlungen in den öffentlichen Sitzungen des Reichstags, eines Landtags oder ihrer Ausschüsse bleiben von jeder Verantwortlichkeit frei.**

Art. 31. [Wahlprüfungsgericht.] **Bei dem Reichstag wird ein Wahlprüfungsgericht gebildet. Es entscheidet auch über die Frage, ob ein Abgeordneter die Mitgliedschaft verloren hat.**

Das Wahlprüfungsgericht besteht aus Mitgliedern des Reichstags, die dieser für die Wahlperiode wählt und aus Mitgliedern des Reichsverwaltungsgerichts, die der Reichspräsident auf Vorschlag des Präsidiums dieses Gerichts bestellt.

Das Wahlprüfungsgericht erkennt auf Grund öffentlicher mündlicher Verhandlung durch drei Mitglieder des Reichstags und zwei richterliche Mitglieder.

Außerhalb der Verhandlungen vor dem Wahlprüfungsgerichte wird das Verfahren von einem Reichsbeauftragten geführt, den der Reichspräsident ernennt. Im übrigen wird das Verfahren von dem Wahlprüfungsgerichte geregelt.

Während Art. 29 u. 30 im wesentlichen altes Recht wiedergeben, bringt Art. 31 einen Fortschritt. Die Wahlprüfungen hatten bisher dem Reichstag selbst obgelegen, und es war eine nicht geleugnete Tatsache, daß bei ihrer Erledigung parteipolitische Gesichtspunkte häufig eine Rolle spielten. Wenn irgendwo, dann ist für solche Fälle ein gänzlich unabhängig urteilendes Gericht nötig. Zu völliger Übertragung der Wahlprüfungen an eine solche rein richterliche Instanz hat sich die Nationalversammlung leider nicht aufschwingen können, sie hat immerhin einen gemischten Gerichtshof bewilligt, es freilich für gut gehalten, den Abgeordneten darin die Mehrheit zu sichern. Hoffen wir, daß die richterlichen Mitglieder — solange das Reichsverwaltungsgericht nicht besteht, werden sie dem Reichsgericht entnommen, Art. 166 —, wiewohl in der Minderzahl, das ganze Gericht zu streng unparteiischer Beurteilung streitiger Wahlergebnisse zu bestimmen vermögen.

Art. 32. [Beschlußfassung des Reichstags.] **Zu einem Beschlusse des Reichstags ist einfache Stimmenmehrheit erforderlich, sofern die Verfassung kein anderes Stimmenverhältnis vorschreibt. Für die vom Reichstag vorzunehmenden Wahlen kann die Geschäftsordnung Ausnahmen zulassen.**

Die Beschlußfähigkeit wird durch die Geschäftsordnung geregelt.

Zweidrittelmehrheit ist namentlich nötig zu Verfassungsänderungen und zur Überstimmung des Reichsrats, wenn er Einspruch erhoben hat (Art. 76 Abs. 1, Art. 74 Abs. 3, andere Fälle erhöhter Mehrheit in den Art. 29, 43, 59).

Daß die Beschlußfähigkeitsziffer nicht in der Verfassung selbst geregelt, sondern der Geschäftsordnung überlassen ist, muß man eine unerhörte Bestimmung nennen. Die Geschäftsordnung könnte also die Anwesenheit von einem Drittel oder noch weniger auch genügen lassen, und bei dem notorisch schlechten Besuch des neuen deutschen Reichstags liegt die Versuchung, es zu tun, vielleicht gar nicht fern.

Art. 33. [Minister und Ländervertreter im Reichstag.] **Der Reichstag und seine Ausschüsse können die Anwesenheit des Reichskanzlers und jedes Reichsministers verlangen.**

Der Reichskanzler, die Reichsminister und die von ihnen bestellten Beauftragten haben zu den Sitzungen des Reichstags und seiner Ausschüsse Zutritt. Die Länder sind berechtigt, in diese Sitzungen Bevollmächtigte zu entsenden, die den Standpunkt ihrer Regierung zu dem Gegenstande der Verhandlung darlegen.

Auf ihr Verlangen müssen die Regierungsvertreter während der Beratung, die Vertreter der Reichsregierung auch außerhalb der Tagesordnung gehört werden.

Sie unterstehen der Ordnungsgewalt des Vorsitzenden.

Aus Abs. 2 ergibt sich, daß der Reichsrat als solcher das Recht nicht hat, im Reichstag und seinen Ausschüssen gehört zu werden, sondern nur besondere Bevollmächtigte der Länder, die wohl regelmäßig, aber nicht notwendig dem Reichsrat entnommen werden. Daß die Regierungsvertreter der Ordnungsgewalt des Vorsitzenden unterstehen, ist im Gegensatz zu bisher klargestellt, wo diese Frage einige Male zu Schwierigkeiten geführt hatte.

Art. 34. [Untersuchungsausschüsse.] **Der Reichstag hat das Recht und auf Antrag von einem Fünftel seiner Mitglieder die Pflicht, Untersuchungsausschüsse einzusetzen. Diese Ausschüsse erheben in öffentlicher Verhandlung die Beweise, die sie oder die Antragsteller für erforderlich erachten. Die Öffentlichkeit kann vom Untersuchungsausschuß mit Zweidrittelmehrheit ausgeschlossen werden. Die Geschäftsordnung regelt das Verfahren des Ausschusses und bestimmt die Zahl seiner Mitglieder.**

Die Gerichte und Verwaltungsbehörden sind verpflichtet, dem Ersuchen dieser Ausschüsse um Beweiserhebungen Folge zu leisten; die Akten der Behörden sind ihnen auf Verlangen vorzulegen.

Auf die Erhebungen der Ausschüsse und der von ihnen ersuchten Behörden finden die Vorschriften der Strafprozeßordnung sinngemäße Anwendung, doch bleibt das Brief-, Post-, Telegraphen- und Fernsprechgeheimnis unberührt.

In der Ausgestaltung dieses, englischen Einrichtungen nachgebildeten Instituts, ist wohl zu beachten, daß schon der Antrag von einem Fünftel der Mitglieder des Reichstags genügt, um es im einzelnen Fall zur Anwendung zu bringen. Es ist damit geeignet, nicht nur in einem Streit zwischen Reichstag und Regierung angewendet zu werden, sondern auch Kampfmittel einer verhältnismäßig kleinen Minderheit gegen die Mehrheit des Reichstags selbst zu werden. Die Befugnisse, welche Abs. 2 und 3 solchen Ausschüssen beilegen, machen sie zu förmlichen Behörden. Die erste Anwendung dieser Bestimmung erfolgte mit dem Untersuchungsausschuß zur Aufklärung gewisser Tatsachen vor und während des Krieges, beschlossen von der Nationalversammlung am 20. Aug. 1919. Gleich die Tätigkeit dieses Ausschusses, dessen Vorgehen in mehr als einer Beziehung nicht glücklich war, gab auch rechtlich zu Zweifeln Anlaß, ob er sich innerhalb der Funktionen gehalten habe, die einem solchen

Ausschuß allein zustehen können (vgl. Kaufmann, Untersuchungsausschuß und Staatsgerichtshof. 1920).

Art. 35. [Ständige Ausschüsse.] **Der Reichstag bestellt einen ständigen Ausschuß für auswärtige Angelegenheiten, der auch außerhalb der Tagung des Reichstags und nach der Beendigung der Wahlperiode oder der Auflösung des Reichstags bis zum Zusammentritte des neuen Reichstags tätig werden kann. Die Sitzungen dieses Ausschusses sind nicht öffentlich, wenn nicht der Ausschuß mit Zweidrittelmehrheit die Öffentlichkeit beschließt.**

Der Reichstag bestellt ferner zur Wahrung der Rechte der Volksvertretung gegenüber der Reichsregierung für die Zeit außerhalb der Tagung und nach Beendigung einer Wahlperiode einen ständigen Ausschuß.

Diese Ausschüsse haben die Rechte von Untersuchungsausschüssen.

Das Ungewöhnliche an diesen Ausschüssen ist vor allem, daß ihre Funktionen weitergehen, selbst wenn die Mitglieder wegen Ablaufs der Wahlperiode ihre Mandate verloren haben. Abs. 2 bringt mit dem ständigen Ausschuß eine Einrichtung zum Wiederaufleben, die für die ständischen Verfassungen des 18. Jh. kennzeichnend gewesen war, wo diese Ausschüsse oft überhaupt das Plenum ganz und gar verdrängt hatten.

Art. 36. [Verantwortungsfreiheit der Abgeordnetentätigkeit.] **Kein Mitglied des Reichstags oder eines Landtags darf zu irgendeiner Zeit wegen seiner Abstimmung oder wegen der in Ausübung seines Berufs getanen Äußerungen gerichtlich oder dienstlich verfolgt oder sonst außerhalb der Versammlung zur Verantwortung gezogen werden.**

Art. 37. [Unverfolgbarkeit der Abgeordneten] **Kein Mitglied des Reichstags oder eines Landtags kann ohne Genehmigung des Hauses, dem der Abgeordnete angehört, während der Sitzungsperiode wegen einer mit Strafe bedrohten Handlung zur Untersuchung gezogen oder verhaftet werden, es sei denn, daß das Mitglied bei Ausübung der Tat oder spätestens im Laufe des folgenden Tages festgenommen ist.**

Die gleiche Genehmigung ist bei jeder anderen Beschränkung der persönlichen Freiheit erforderlich, die die Ausübung des Abgeordnetenberufs beeinträchtigt.

Jedes Strafverfahren gegen ein Mitglied des Reichstags oder eines Landtags und jede Haft oder sonstige Beschränkung seiner persönlichen Freiheit wird auf Verlangen des Hauses, dem der Abgeordnete angehört, für die Dauer der Sitzungsperiode aufgehoben.

Art. 38. [Recht der Zeugnisverweigerung.] **Die Mitglieder des Reichstags und der Landtage sind berechtigt, über Personen, die ihnen in ihrer Eigenschaft als Abgeordneten Tatsachen anvertrauen, oder denen sie in Ausübung ihres Abgeordnetenberufs solche anvertraut haben, sowie über diese Tatsachen selbst das Zeugnis zu verweigern. Auch in**

Beziehung auf Beschlagnahme von Schriftstücken stehen sie den Personen gleich, die ein gesetzliches Zeugnisverweigerungsrecht haben.

Eine Durchsuchung oder Beschlagnahme darf in den Räumen des Reichstags oder eines Landtags nur mit Zustimmung des Präsidenten vorgenommen werden.

Art. 39. [Urlaub für Beamte.] **Beamte und Angehörige der Wehrmacht bedürfen zur Ausübung ihres Amtes als Mitglieder des Reichstags oder eines Landtags keines Urlaubs.**

Bewerben sie sich um einen Sitz in diesen Körperschaften, so ist ihnen der zur Vorbereitung ihrer Wahl erforderliche Urlaub zu gewähren.

Art. 40. [Freifahrt und Entschädigung.] **Die Mitglieder des Reichstags erhalten das Recht zur freien Fahrt auf allen deutschen Eisenbahnen sowie Entschädigung nach Maßgabe eines Reichsgesetzes.**

Von diesen persönlichen Vorrechten der Reichstagsabgeordneten, die sämtlich auch für die Landtagsmitglieder gelten, stellen Erweiterungen gegenüber bisher dar namentlich Art. 37 Abs. 2: Ausdehnung auf jede andere Beschränkung der persönlichen Freiheit, worunter namentlich Schutzhaft und Strafhaft fallen, dann das Zeugnisverweigerungsrecht des Art. 38 und der Anspruch auf Urlaub schon zur Wahlvorbereitung. Die Entschädigung des Art. 40 ist geregelt durch das Gesetz vom 10. Juli 1920, RGBl. 1920, S. 1437. Sie beträgt hiernach während der ganzen Wahlperiode ohne Rücksicht auf Schließungen und Vertagungen 1500 Mark für den Monat. Für jeden Tag, an dem ein Reichstagsmitglied an einer namentlichen (nur namentlichen!) Abstimmung fehlt oder sonst von einer Vollsitzung ganz fernbleibt, werden 50 Mark abgezogen. Ein Gesetz vom 27. Juli 1921, RGBl. 1921, S. 957, fügte dem Grundbetrag einen Teuerungszuschlag von monatlich 1000 Mark hinzu.

Dritter Abschnitt: Der Reichspräsident und die Reichsregierung.

Dieser Abschnitt bildet das Kernstück der n. R. V.; er legt die Regierungsform fest und enthält besonders viel neue rechtliche Ausgestaltungen. Allerdings finden sich nicht alle für die Regierungsform maßgebenden Bestimmungen hier, namentlich nicht diejenigen über das Volk als Staatsorgan und die damit zusammenhängenden wichtigen Befugnisse des Reichspräsidenten, die erst der 5. Abschnitt bringt. Der 3. Abschnitt enthält aber doch die für unser Regierungssystem wichtigsten Bestimmungen. Er bringt die parlamentarische Regierung — genauer parlamentarische Kabinettsregierung — im wesentlichen nach französischem Vorbild, jedoch erheblich modifiziert dadurch, daß die oberste Spitze des Reichs ein nach amerikanischem Muster vom ganzen Volk gewählter Präsident sei. Wie wir diese Art der Kräfteverteilung und auch das beurteilen sollen, was die Möglichkeiten der Volksentscheidung bedeuten, sei der Betrachtung im Schlußabschnitt vorbehalten; hier sind zunächst die einzelnen Bestimmungen darzustellen.

Aus der Überschrift geht schon hervor, daß der Reichspräsident nicht zur Reichsregierung im juristischen Sinn gehört. Der Sprachgebrauch des Volkes ist aber ein anderer; wenn der gewöhnliche Bürger z. B. seine Unzufriedenheit über „die Regierung" äußert, so meint er die Gesamtheit der leitenden Persönlichkeiten und damit sicher den Reichspräsidenten mit.

Art. 41. [Wahl des Reichspräsidenten.] **Der Reichspräsident wird vom ganzen deutschen Volke gewählt.**

Wählbar ist jeder Deutsche, der das fünfunddreißigste Lebensjahr vollendet hat.

Das Nähere bestimmt ein Reichsgesetz.

In der Art der Bestellung des Reichspräsidenten schließt sich die R.V. dem amerikanischen Vorbild an, freilich nicht ganz und gar; insofern nämlich nicht, als sie nicht absolute Mehrheit für die Wahl des Präsidenten erfordert, also keine Gewähr dafür schafft, daß der deutsche Präsident ebenso wie der amerikanische die Mehrheit aller Wähler hinter sich hat und daher ebenso stark ist wie die Parlamentsmehrheit. Diese zunächst von der Verfassung offen gelassene Frage ist vielmehr von dem zur Ausführung des Abs. 3 ergangenen Gesetz über die Wahl des Reichspräsidenten vom 4. Mai 1920 (RGBl. 1920, S. 849) dahin entschieden, daß, wenn im ersten Wahlgang kein Kandidat mehr als die Hälfte aller gültigen Stimmen, also die absolute Mehrheit, erhält, im zweiten Wahlgang gewählt ist, „wer die meisten gültigen Stimmen erhalten hat", auch wenn es weniger als die Hälfte sind (also relative Mehrheit). Die Wahl ist unmittelbar und geheim und das Wahlrecht schließt sich auch sonst, abgesehen von den auf das Verhältniswahlsystem sich beziehenden Bestimmungen, dem für den Reichstag an.

Zu Abs. 2 ist noch zu bemerken, daß Vorschläge, die Wählbarkeit von mindestens zehnjährigem Besitz des Reichsbürgerrechts abhängig zu machen, ebenso wie diejenigen, Mitglieder bisher regierender Häuser von der Wählbarkeit auszuschließen, nicht ins Gesetz aufgenommen wurden. Man vertraute mit Recht darauf, daß in beiden Beziehungen Takt und politische Klugheit vor Mißgriffen ebenso gut bewahren wie Verfassungsartikel.

Art. 42. [Eid des Reichspräsidenten.] **Der Reichspräsident leistet bei der Übernahme seines Amtes vor dem Reichstag folgenden Eid:**

Ich schwöre, daß ich meine Kraft dem Wohle des deutschen Volkes widmen, seinen Nutzen mehren, Schaden von ihm wenden, die Verfas-

fung und die Gesetze des Reichs wahren, meine Pflichten gewissenhaft erfüllen und Gerechtigkeit gegen jedermann üben werde.

Die Beifügung einer religiösen Beteuerung ist zulässig.

Die Leistung des Eides ist ebensowenig staatsrechtliche Voraussetzung für die Ausübung der Präsidentschaft, als sie es für die Monarchen nach den alten Verfassungen war, sondern sie ist hier wie dort staatsrechtliche Pflicht.

Art. 43. [Amtsdauer; strafrechtliche Verfolgbarkeit.] **Das Amt des Reichspräsidenten dauert sieben Jahre. Wiederwahl ist zulässig.**

Vor Ablauf der Frist kann der Reichspräsident auf Antrag des Reichstags durch Volksabstimmung abgesetzt werden. Der Beschluß des Reichstags erfordert Zweidrittelmehrheit. Durch den Beschluß ist der Reichspräsident an der ferneren Ausübung des Amtes verhindert. Die Ablehnung der Absetzung durch die Volksabstimmung gilt als neue Wahl und hat die Auflösung des Reichstags zur Folge.

Der Reichspräsident kann ohne Zustimmung des Reichstags nicht strafrechtlich verfolgt werden.

Die Bemessung der Amtszeit folgt dem französischen Vorbild, während der Präsident der Vereinigten Staaten bekanntlich nur auf vier Jahre gewählt wird. Wenn die Volkswahl auch bei uns dem Präsidenten eine große Machtstellung gibt, dürften sich die sieben Jahre als etwas lang erweisen.

Die Möglichkeit der Absetzung soll den Präsidenten vor verfassungswidrigen Schritten bewahren. Die Bedingungen für ihre Durchführung sind mit Recht schwer gestellt. Vor allem muß sich zunächst der Reichstag sehr stark, mit Zweidrittelmehrheit, gegen den Präsidenten ausgesprochen haben, dann erst kann die Abstimmung erfolgen. Lautet diese nun nicht für Absetzung, so ist damit der Reichstag schwer bloßgestellt, daher die Bestimmung, daß diese Ablehnung seine Auflösung zur Folge hat. Daß die Ablehnung als Neuwahl gilt, d. h. für neue sieben Jahre, kann zweischneidig wirken: es könnte manchen, der den Präsidenten nicht gerade abgesetzt, aber doch auch nicht noch einmal auf sieben Jahre gewählt wissen will, veranlassen, gegen ihn zu stimmen. — Doch hoffen wir, daß die ganze Bestimmung überhaupt nie praktisch wird!

Zu Abs. 3 ergänze: solange er Präsident ist. Die Unverfolgbarkeit des Präsidenten steht also auf einer Stufe mit derjenigen der Abgeordneten nach Art. 37 und ist damit wesentlich schwächer, als die der Monarchen gewesen war, denen ein persönlicher Strafausschließungsgrund zur Seite stand, dank dem sie überhaupt keine strafbaren Handlungen begehen konnten.

Art. 44. [Reichstagsmitgliedschaft und Präsidentschaft.] **Der Reichspräsident kann nicht zugleich Mitglied des Reichstags sein.**

Damit ist die Gewaltenteilung wenigstens für die Reichsspitze durchgeführt; mit welcher Wirkung, das wird noch im Schlußabschnitt zu besprechen sein. Aus der Bestimmung folgt, daß, wenn ein Reichstagsabgeordneter zum Präsidenten gewählt wird, er mit der Annahme der Wahl sein Reichstagsmandat verliert.

Zu Art. 45 bis 49 (Befugnisse des Reichspräsidenten). Die hier aufgezählten Befugnisse beziehen sich sämtlich auf den Anteil des Präsidenten an der vollziehenden Gewalt. Wesentlich ergänzend kommen hinzu seine Funktionen bei der Gesetzgebung: die Ausfertigung und Verkündigung der Gesetze nach Art. 70, die Möglichkeiten der Herbeiführung eines Volksentscheids nach Art. 73, Abs. 1, Satz 1 und Art. 74, Abs. 3, Satz 2 und 4 die Möglichkeit der Auflösung des Reichstags nach Art. 25.

Für die Wertung der Befugnisse des Präsidenten ist es wichtig, sich stets vor Augen zu halten, daß sie ausnahmslos unter dem Zwang zur Gegenzeichnung durch einen Minister stehen (Art. 50). Im übrigen sind von den hier aufgezählten Befugnissen verhältnismäßig weit gefaßt diejenigen über die Vertretung nach außen (Art. 45) und die des Art. 48 (Exekution und Ausnahmezustand). Auf dem Gebiet der normalen inneren Verwaltung ist dagegen die Stellung des Reichspräsidenten schwach ausgestaltet: es fehlt eine Bestimmung, welche ihm allgemein die Vollziehung der Gesetze oder auch nur ihre Überwachung übertragen würde.

Art. 45. [Völkerrechtliche Vertretung des Reichs.] **Der Reichspräsident vertritt das Reich völkerrechtlich. Er schließt im Namen des Reichs Bündnisse und andere Verträge mit auswärtigen Mächten. Er beglaubigt und empfängt die Gesandten.**

Kriegserklärung und Friedensschluß erfolgen durch Reichsgesetz.

Bündnisse und Verträge mit fremden Staaten, die sich auf Gegenstände der Reichsgesetzgebung beziehen, bedürfen der Zustimmung des Reichstags.

Die Stellung des Reichspräsidenten ist damit auf dem Gebiet des Auswärtigen etwa dieselbe, wie sie zuletzt der Kaiser auf Grund des verfassungsändernden Gesetzes vom 28. Okt. 1918 noch hatte; Kriegserklärung und Friedensschluß sind jedoch jetzt auf den Weg der regelrechten Gesetzgebung verwiesen.

Abs. 3 bringt insofern Neues gegenüber dem bisherigen Zustand, als er nicht nur die staatsrechtliche, sondern auch die völkerrechtliche Gültigkeit von Verträgen, soweit sie zum Gebiet der Reichsgesetzgebung gehören, von der Zustimmung des Reichstags abhängig macht und Bündnisse solchen Verträgen gleichstellt.

Art. 46. [Ernennung der Reichsbeamten und Offiziere.] **Der Reichspräsident ernennt und entläßt die Reichsbeamten und die Offiziere, soweit nicht durch Gesetz etwas anderes bestimmt ist. Er kann das Ernennungs- und Entlassungsrecht durch andere Behörden ausüben lassen.**

Art. 47. [Oberbefehl über die Wehrmacht.] **Der Reichspräsident hat den Oberbefehl über die gesamte Wehrmacht des Reichs.**

Obwohl eine Übertragbarkeit der hier dem Reichspräsidenten verliehenen Rechte nur in Art. 46 ausgesprochen ist, hat der Präsident doch auch die Ausübung des Oberbefehls übertragen, und zwar an den Reichswehrminister (Verordnung vom 20. Aug. 1919, RGBl. 1919, S. 1475). Er hat sich allerdings dabei das Recht vorbehalten, jederzeit durch selbständige Befehle einzugreifen.

Art. 48. [Einschreiten des Reichs und Ausnahmezustand.] **Wenn ein Land die ihm nach der Reichsverfassung oder den Reichsgesetzen obliegenden Pflichten nicht erfüllt, kann der Reichspräsident es dazu mit Hilfe der bewaffneten Macht anhalten.**

Der Reichspräsident kann, wenn im Deutschen Reiche die öffentliche Sicherheit und Ordnung erheblich gestört oder gefährdet wird, die zur Wiederherstellung der öffentlichen Sicherheit und Ordnung nötigen Maßnahmen treffen, erforderlichenfalls mit Hilfe der bewaffneten Macht einschreiten. Zu diesem Zwecke darf er vorübergehend die in den Artikeln 114, 115, 117, 118, 123, 124 und 153 festgesetzten Grundrechte ganz oder zum Teil außer Kraft setzen.

Von allen gemäß Abs. 1 oder Abs. 2 dieses Artikels getroffenen Maßnahmen hat der Reichspräsident unverzüglich dem Reichstag Kenntnis zu geben. Die Maßnahmen sind auf Verlangen des Reichstags außer Kraft zu setzen.

Bei Gefahr im Verzuge kann die Landesregierung für ihr Gebiet einstweilige Maßnahmen der in Abs. 2 bezeichneten Art treffen. Die Maßnahmen sind auf Verlangen des Reichspräsidenten oder des Reichstags außer Kraft zu setzen.

Das Nähere bestimmt ein Reichsgesetz.

Mit Abs. 1 sind dem Reichspräsidenten dieselben Befugnisse übertragen, die früher der Kaiser hatte.

Abs. 2 schafft neues Recht an Stelle des Art. 68 a. R. V. und des durch diesen aufrecht erhalten gewesenen preußischen Gesetzes über den Belagerungszustand vom 4. Juni 1851. Nicht übernommen ist in die Neuregelung des Ausnahmezustands, daß im Fall seines Eintritts die ganze vollziehende Gewalt grundsätzlich auf die Militärbefehlshaber übergeht, ausdrücklich vorgesehen ist vielmehr zunächst nur die Außerkraftsetzung der Grundrechtsbestimmungen über die Freiheit der Person, des Eigentums, der Wohnung, über das Postgeheimnis, die freie Meinungsäußerung, das Vereins- und Versammlungsrecht. Möglich sind aber allerdings auch weitergehende Maßnahmen, darunter auch Übertragung der vollziehenden Gewalt an die Militärbefehlshaber und die Einsetzung von besonderen Gerichten (vgl. Verordnung vom 29. März 1921, RGBl. S. 371); zum letzteren Punkt vgl. unter Art. 105. Das im letzten Absatz verheißene Gesetz ist noch nicht ergangen, obwohl von der ganzen Bestimmung schon sehr häufig Gebrauch gemacht worden ist.

Art. 49. [Begnadigungsrecht.] **Der Reichspräsident übt für das Reich das Begnadigungsrecht aus.**

Reichsamnestien bedürfen eines Reichsgesetzes.

Dem Reich steht auch jetzt das Begnadigungsrecht nur in gewissen Fällen (StPO. §§ 484 ff.) zu, überwiegend ist es von den Landesregierungen auszuüben.

Das Begnadigungsrecht enthält nicht auch das Recht, ein anhängiges Strafverfahren niederzuschlagen, das dem Monarchen zugestanden hatte. Zu einer solchen Niederschlagung bedürfte es also jetzt ebenso eines besonderen Reichsgesetzes, wie ein solches zu allgemeinen Amnestien nötig ist.

Art. 50. [Gegenzeichnung der Minister.] **Alle Anordnungen und Verfügungen des Reichspräsidenten, auch solche auf dem Gebiete der Wehrmacht, bedürfen zu ihrer Gültigkeit der Gegenzeichnung durch den Reichskanzler oder den zuständigen Reichsminister. Durch die Gegenzeichnung wird die Verantwortung übernommen.**

Die umfassenden Ausdrücke „Anordnungen und Verfügungen" zusammen bedeuten ebenso wie in Art. 17 a. R. V. die Gesamtheit aller Regierungsakte; die ausdrückliche Hervorhebung, daß militärische Akte auch dazu gehören, war für eine republikanische Verfassung eigentlich kaum nötig. Ob der Reichskanzler oder ein anderer Minister gegenzeichnet, bestimmt sich, entsprechend Art. 56, danach, ob es sich um eine Frage grundsätzlicher Art handelt oder nicht. Wem gegenüber die Verantwortung übernommen wird, das sagt die neue Verfassung ebensowenig, wie es die alte tat. In erster Linie geschieht es dem Reichstag gegenüber, dem für ihre Geltendmachung jetzt die Handhaben des Art. 54 und 59 gegeben sind. Dem Reichsrat gegenüber wird von einer solchen Verantwortung höchstens in ganz abgeschwächtem Sinne gesprochen werden können (s. unten bei Art. 65).

Art. 51. [Stellvertretung des Reichspräsidenten.] **Der Reichspräsident wird im Falle seiner Verhinderung zunächst durch den Reichskanzler vertreten. Dauert die Verhinderung voraussichtlich längere Zeit, so ist die Vertretung durch ein Reichsgesetz zu regeln.**

Das gleiche gilt für den Fall einer vorzeitigen Erledigung der Präsidentschaft bis zur Durchführung der neuen Wahl.

Der Reichskanzler ist derjenige, der den Reichspräsidenten „zunächst" vertritt — in doppeltem Sinn: solange nicht ein besonderes Gesetz im Sinn des Abs. 1 Satz 2 ergangen ist, und: er zunächst, nach ihm aber eventuell sein eigener Stellvertreter.

Regierungsakte, die der Reichskanzler in Vertretung des Reichspräsidenten vornimmt, werden verständigerweise immer von einem zweiten Minister gegengezeichnet werden; notwendig ist dies aber wohl nur, wenn der Geschäftskreis eines Ressortministers dadurch berührt wird.

Zu Art. 52—58 (Reichsregierung). Neben der verfassungsmäßigen Bezeichnung Reichsregierung sind für den Reichskanzler und die Gesamtheit der Reichsminister auch die Ausdrücke Reichskabinett und Reichsministerium im Gebrauch. Die Spitze dieses Regierungskörpers hat die Verfassung wieder Reichskanzler genannt, obwohl man dieses Amt sich bis jetzt mit einer monarchischen Staatsform verbunden dachte und obwohl der neue Reichskanzler den Einzelministern gegenüber eine sehr viel schwächere Stellung hat, als der alte den Staatssekretären gegenüber. Die Organisation der Reichsregierung stellt eine Vermittlung dar zwischen dem Kollegialsystem und dem System weitgehender Selbständigkeit der Einzelminister; es entspricht im wesentlichen dem in anderen parlamentarisch regierten Ländern, nur ist bei uns die Stellung des Reichskanzlers durch sein formelles Vorschlagsrecht bezüglich der übrigen Minister rechtlich etwas stärker über die der Einzelminister herausgehoben als sonst die der Ministerpräsidenden.

Art. 52. [Zusammensetzung der Reichsregierung.] **Die Reichsregierung besteht aus dem Reichskanzler und den Reichsministern.**

Art. 53. [Ernennung und Entlassung der Minister.] **Der Reichskanzler und auf seinen Vorschlag die Reichsminister werden vom Reichspräsidenten ernannt und entlassen.**

Die Verfassung unterläßt es, die Zahl der Ministerien festzulegen. Dies und ebenso die Abgrenzung der Geschäftszweige erfolgt vielmehr im Verordnungswege. Eine gesetzliche Grundlage für die Ausgestaltung des Ministeriums ist aber noch gegeben im Reichshaushaltsgesetz, in dem ja die Gehälter der Minister wie die anderer Beamten bewilligt sein müssen. Zur Zeit gibt es im Reich außer dem Reichskanzler 12 Ministerien: I. Reichsministerium des Auswärtigen, II. Reichsministerium des Innern, III. Reichswirtschaftsministerium, IV. Reichsarbeitsministerium, V. Reichswehrministerium, VI. Reichsjustizministerium, VII. Reichsschatzministerium, VIII. Reichsverkehrsministerium, IX. Reichsministerium für Ernährung und Landwirtschaft, X. Reichsfinanzministerium, XI. Reichsministerium für Wiederaufbau, XII. Reichspostministerium. Es ist mit Recht die Frage erhoben worden, ob diese Zahl der Ministerien nicht zu groß ist. Bei der Schaffung einzelner derselben hat zugestandenermaßen der Gesichtspunkt mitgespielt, so viele Stellen zu schaffen, daß die Regierungsparteien in dem vorgesehenen Verhältnis mit Ministersitzen versehen werden konnten.

Art. 54. [Parlamentarischer Grundsatz.] **Der Reichskanzler und die Reichsminister bedürfen zu ihrer Amtsführung des Vertrauens des Reichstags. Jeder von ihnen muß zurücktreten, wenn ihm der Reichstag durch ausdrücklichen Beschluß sein Vertrauen entzieht.**

Hiermit ist das eine Wesenselement der parlamentarischen Regierung, das in den Ländern mit solcher auch ohne gesetzliche Grundlage schon immer gegolten hatte, rechtlich festgelegt: daß die Minister vom Vertrauen der Volksvertretung abhängig sind. Das andere Element, daß die Minister den Mehrheitsparteien des Reichstags entnommen werden müssen und auch als Minister ihre Mandate beibehalten, ist dagegen in der R.V. nicht festgelegt; es sind also nicht nur einzelne Fachminister möglich, sondern auch ein Ministerium aus lauter Fachleuten, wofern der Reichstag einem solchen das Vertrauen ausspricht. Durchaus vorherrschend ist freilich bis jetzt das System, Nichtfachleute zu Ministern zu machen.

Art. 55. [Geschäftsordnung der Reichsregierung] **Der Reichskanzler führt den Vorsitz in der Reichsregierung und leitet ihre Geschäfte nach einer Geschäftsordnung, die von der Reichsregierung beschlossen und vom Reichspräsidenten genehmigt wird.**

Art. 56. [Verantwortlichkeit des Reichskanzlers und der Minister.] **Der Reichskanzler bestimmt die Richtlinien der Politik und trägt dafür gegenüber dem Reichstag die Verantwortung. Innerhalb dieser Richtlinien leitet jeder Reichsminister den ihm anvertrauten Geschäftszweig selbständig und unter eigener Verantwortung gegenüber dem Reichstag.**

Art. 57. [Geschäftsbereich der Reichsregierung.] **Die Reichsminister haben der Reichsregierung alle Gesetzentwürfe, ferner Angelegenheiten, für welche Verfassung oder Gesetz dieses vorschreiben, sowie**

Meinungsverschiedenheiten über Fragen, die den Geschäftsbereich mehrerer Reichsminister berühren, zur Beratung und Beschlußfassung zu unterbreiten.

Art. 58. [Beschlußfassung der Reichsregierung.] **Die Reichsregierung faßt ihre Beschlüsse mit Stimmenmehrheit. Bei Stimmengleichheit entscheidet die Stimme des Vorsitzenden.**

Auf drei Arten also kann die Stellungnahme der Regierung in einer zu entscheidenden Angelegenheit bestimmt werden: durch den Ressortminister, wenn die Angelegenheit nur seinen Geschäftszweig berührt, ohne grundsätzliche Bedeutung zu haben; durch die Reichsregierung, wenn sie dem Geschäftskreis mehrerer Reichsminister gemeinsam ist (und zwar hat sie dann diesen Weg zu gehen, auch wenn sie zugleich die Richtlinien der Politik berührt); durch den Reichskanzler oder den Einzelminister im Benehmen mit ihm, wenn die Angelegenheit nur einen Fachminister berührt, aber von grundsätzlicher Bedeutung ist. Meinungsverschiedenheiten in einem Fall letzterer Art gehen also nicht den Weg des Art. 57, sondern bei ihnen gibt der Reichskanzler den Ausschlag.

Außer bei Gesetzentwürfen ist die Reichsregierung als ganze in der Verfassung für zuständig erklärt, unter anderem für die Ausübung der Reichsaufsicht (Art. 15), die Stellung von Anträgen im Reichsrat (Art. 66) und den Erlaß von Verordnungen (Art. 77, 88 Abs. 3, 91).

Art. 59. [Ministeranklage.] **Der Reichstag ist berechtigt, den Reichspräsidenten, den Reichskanzler und die Reichsminister vor dem Staatsgerichtshof für das Deutsche Reich anzuklagen, daß sie schuldhafterweise die Reichsverfassung oder ein Reichsgesetz verletzt haben. Der Antrag auf Erhebung der Anklage muß von mindestens hundert Mitgliedern des Reichstags unterzeichnet sein und bedarf der Zustimmung der für Verfassungsänderungen vorgeschriebenen Mehrheit. Das Nähere regelt das Reichsgesetz über den Staatsgerichtshof.**

Das hier verheißene Gesetz ist noch nicht ergangen, und es kann daher noch nicht gesagt werden, wie ein auf solche Anklage zu erlassendes Urteil lauten und welche Rechtsfolgen es haben wird. Sicher ist aber, daß es weder straf- noch zivilprozessualen Charakter hat und einem Verfahren dieser beiden Arten daher nicht vorgreift. Es steht am nächsten dem Urteil eines Disziplinargerichts.

Vierter Abschnitt: Der Reichsrat.

Dem Bundesrat der R. V. von 1871 waren drei Wesenszüge eigentümlich: im Aufbau der Reichsgewalt stellte er gegenüber dem demokratischen Reichstag die mit überlegener Macht ausgestattete und zugleich die Funktion eines Oberhauses in sich vereinigende Regierung dar; er stellte ferner dar gegenüber dem unitarischen Reichstag das föderalistische Element, und er war endlich das Reichsorgan, das neben der monarchischen Spitze am meisten die enge, realunionartige Verbindung zwischen Preußen und dem Reich oder, von einer andern Seite aus gesehen, die Hegemoniestellung Preußens im Reich rechtlich festlegte. Er mußte daher auch in besonders starkem Maß als Verkörperung des alten Systems erscheinen und im Bestreben nach möglichster Abkehr von diesem war nach der Umwälzung von 1918 zunächst eine völlig andere Gestaltung dieses Reichsorgans geplant: Ausgestaltung zu einer echten Volksvertretung, aber mit föderalistischem Charakter, so wie sie schon die Frankfurter Verfassung von 1849 unter dem Namen Staatenhaus geplant hatte und die ähnlich ausgesehen und gewirkt hätte, wie der Ständerat in der Schweiz und der Senat in den Vereinigten Staaten. Die Verfassung selbst kehrte dann aber doch zum Bundesratssystem zurück. Der Reichsrat ist keine Volksvertretung, sondern wieder eine Versammlung von Vertretern der Einzelstaatsregierungen. Er ist auch wiederum der Hauptträger des föderalistischen Gedankens, soweit diesem im neuen Reich überhaupt noch Raum gelassen ist. Er ist aber dem Reichstag gegenüber nicht mehr das überlegene Oberhaus und zugleich die Regierung, sondern hat in der Gesetzgebung so schwache Rechte, daß viele Bedenken tragen, ihn überhaupt zu den gesetzgebenden Organen zu zählen.[1]) Er ist endlich auch nicht mehr Träger und Befestiger der Vormachtstellung Preußens im Reich, er hat auf die Regierung, von der er scharf getrennt ist, überhaupt nur noch schwachen Einfluß; dagegen hat er in Beziehung auf Preußen eine neue Funktion bekommen: durch die Bestimmung, daß die Hälfte der preußischen Mitglieder von den preußischen Provinzen zu wählen sind, sollte er von Reichs wegen zu dem Prozeß der Verselbständigung der preußischen Provinzen beitragen.

Genau festgelegt ist dieser Charakter des Reichsrats in der Verfassung selbst nicht in allen Beziehungen; namentlich ist dort gar nicht ausdrücklich gesagt, daß die Reichsratsbevollmächtigten an Weisungen ihrer Regierungen gebunden werden können, es wird dies aber aus dem Schweigen der R. V. mit Recht gefolgert. Diese kümmert sich eben gar nicht darum, aus welchen Motiven die Stellungnahme der Reichsratsbevollmächtigten erfolgt; sicher ist daher, daß diese Instruktionen die Reichsratsbevollmächtigten nur in ihrem Verhältnis zu ihren Regierungen, nicht nach außen binden. Ein wichtiger Unterschied gegen früher ist noch die Öffentlichkeit wenigstens der Vollsitzungen des Reichsrats, wiewohl auch sie nicht ausnahmslos eintritt (Art. 66).

---

1) Dann hätten wir also das Einkammersystem, wofür der Wortlaut von Art. 68, Abs. 2 allerdings spricht. Und doch wird man der Bedeutung des Reichsrats damit nicht gerecht, dafür kann man andererseits den Wortlaut der Gesetzesverkündungsformel anführen, vgl. unten bei Art. 70.

Was vom früheren Bundesrat, namentlich durch seine Ausschüsse, an solider Verwaltungs- und Gesetzgebungsarbeit geleistet wurde, entzog sich zwar der Beurteilung einer größeren Öffentlichkeit, war aber doch von größter Wichtigkeit. Auch der Reichsrat und seine Ausschüsse können als Kollegien, die etwas weniger von Parteipolitik beherrscht sind als der Reichstag, sehr wichtige Aufgaben erfüllen und werden sich trotz der verfassungsmäßig schwachen Stellung des Reichsrats um so mehr Geltung verschaffen, je mehr die Landesregierungen wie früher ihren Stolz darein legen, die tüchtigsten Verwaltungsbeamten in den Reichsrat zu entsenden.

Art. 60. [Aufgabe.] **Zur Vertretung der deutschen Länder bei der Gesetzgebung und Verwaltung des Reichs wird ein Reichsrat gebildet.**

Ähnlich wie beim Reichstag werden im vorliegenden Abschnitt die Befugnisse des Reichsrats nur in einzelnen Beziehungen umschrieben; sie erfahren eine wichtige Ergänzung durch die folgenden Abschnitte über die Gesetzgebung und die Verwaltung. Die Mitwirkung des Reichsrats bei der Gesetzgebung besteht im Recht des Gesetzesvorschlags (Art. 69) und des Einspruchs (Art. 74, vgl. auch Art. 76 und 85 Abs. 4); seine Mitwirkung in der Verwaltung wird namentlich praktisch bei Verordnungen (Art. 77, 88, 91) und bei der Rechnungskontrolle (Art. 86). Gemäß Art. 179 Abs. 1 Satz 2 hat er übrigens auch eine Reihe von Funktionen vom alten Bundesrat übernommen, wie z. B. das Vorschlagsrecht bei Ernennung der Mitglieder des Reichsgerichts, des Bundesamts für das Heimatwesen und anderer hoher Reichsbehörden.

Art. 61. [Stimmrecht.] **Im Reichsrat hat jedes Land mindestens eine Stimme. Bei den größeren Ländern entfällt auf 700000 Einwohner eine Stimme. Ein Überschuß von mindestens 350000 Einwohnern wird 700000 gleichgerechnet. Kein Land darf durch mehr als zwei Fünftel aller Stimmen vertreten sein.**

Deutschösterreich erhält nach seinem Anschluß an das Deutsche Reich das Recht der Teilnahme am Reichsrat mit der seiner Bevölkerung entsprechenden Stimmenzahl. Bis dahin haben die Vertreter Deutschösterreichs beratende Stimme.

Die Stimmenzahl wird durch den Reichsrat nach jeder allgemeinen Volkszählung neu festgesetzt.

Abs. 1 in der Fassung des Ges. vom 24. März 1921; Abs. 2 ist durch Nichtigkeitsprotokoll vom 22. Sept. 1919 für unwirksam erklärt.

Die Stimmenverteilung im Bundesrat nach der a. R. V., die angeknüpft hatte an diejenige für den Bundestag des Deutschen Bundes, bedeutete, daß Preußen im Verhältnis zu seiner Bevölkerungszahl stark zurückgesetzt wurde, während die Mittel- und namentlich auch einige der kleinsten Staaten begünstigt waren. Die n. R. V.

geht grundsätzlich mehr von der Einwohnerzahl als Grundlage aus; davon wird aber wieder eine starke Ausnahme zuungunsten von Preußen gemacht, das sonst die absolute Mehrheit im Reichsrat hätte. Während nach der Fassung von 1919 für die Bewertung von Überschußzahlen die Einwohnerzahl des kleinsten Landes von Bedeutung war, brachte ein verfassungsänderndes Gesetz vom 24. März 1921 den jetzigen Wortlaut von Abs. 1.

Die derzeitige Stimmenverteilung ist auf Grund des Gesetzes vom 24. März 1921 die folgende: Preußen 26, Bayern 10, Sachsen 7, Württemberg 4, Baden 3, Thüringen, Hessen, Hamburg je 2, Mecklenburg-Schwerin, Mecklenburg-Strelitz, Oldenburg, Braunschweig, Anhalt, Waldeck, Schaumburg-Lippe, Lippe, Bremen, Lübeck je 1, insgesamt 66.

Abs. 2 hat alsbald das Mißfallen des Feindbundes erregt, der im Friedensvertrag von Versailles bekanntlich in Mißachtung des von ihm unablässig gepredigten Grundsatzes vom Selbstbestimmungsrecht der Völker den Anschluß von Deutsch-Österreich an das Deutsche Reich untersagt hat. Auf sein Verlangen hat die deutsche Regierung am 22. Sept. 1919 eine Erklärung des Inhalts abgegeben, daß Abs. 2 des Art. 61 dem Friedensvertrag widerspreche und daher ungültig sei, daß die Zulassung österreichischer Vertreter zum Reichstag nur stattfinden könne, wenn der Völkerbundsrat einer entsprechenden Änderung der internationalen Lage Österreichs zugestimmt haben werde. Art. 61 Abs. 2 ist also bis auf weiteres als ungültig zu betrachten.

Art. 62. [Ausschüsse.] **In den Ausschüssen, die der Reichsrat aus seiner Mitte bildet, führt kein Land mehr als eine Stimme.**

Vorläufig sind beim Reichsrat elf Ausschüsse gebildet worden, und zwar 1. für auswärtige Angelegenheiten, 2. für Volkswirtschaft, 3. für innere Verwaltung, 4. für Verkehrswesen, 5. für Haushalt und Rechnungswesen, 6. für Steuer- und Zollwesen, 7. für Rechtspflege, 8. für Verfassung und Geschäftsordnung, 9. für Reichswehrangelegenheiten, 10. für Seewesen, 11. für Durchführung des Friedensvertrags.

Art. 63. [Zusammensetzung.] **Die Länder werden im Reichsrat durch Mitglieder ihrer Regierungen vertreten. Jedoch wird die Hälfte der preußischen Stimmen nach Maßgabe eines Landesgesetzes von den preußischen Provinzialverwaltungen bestellt.**

Die Länder sind berechtigt, so viele Vertreter in den Reichsrat zu entsenden, wie sie Stimmen führen.

Die ordentlichen Reichsratsbevollmächtigten sind also die Minister der Länder, die aber, von Preußen abgesehen, im allgemeinen nicht in Berlin sein können. Sie werden durch stellvertretende Reichsratsbevollmächtigte vertreten, auf denen in Wirklichkeit die Hauptarbeitslast ruht.

Die Durchführung der Vorschrift von Satz 2 sollte nach Art. 168 bis 14. Aug. 1920 erfolgen; ein Gesetz vom 6. Aug. 1920 hat die Frist dann aber bis 1. Juli 1921 erstreckt und nachdem in Preußen im Febr. 1921 die Provinzialvertretungen in neuem, unmittelbarem Wahlverfahren gewählt waren, erging das preuß. Ges. vom 3. Juni 1921 (Preuß. Ges.-Sammlung 1921 S. 379) über die Bestellung von Mitgliedern des Reichsrats durch die Provinzialverwaltungen. Wahlkörper sind die Provinzialausschüsse, in Berlin der Magistrat.

Art. 64. [Einberufung.] **Die Reichsregierung muß den Reichsrat auf Verlangen von einem Drittel seiner Mitglieder einberufen.**

Art. 65. [Beteiligung der Reichsregierung.] **Den Vorsitz im Reichsrat und in seinen Ausschüssen führt ein Mitglied der Reichsregierung. Die Mitglieder der Reichsregierung haben das Recht und auf Verlangen die Pflicht, an den Verhandlungen des Reichsrats und seiner Ausschüsse teilzunehmen. Sie müssen während der Beratung auf Verlangen jederzeit gehört werden.**

Art. 66. [Geschäftsgang.] **Die Reichsregierung sowie jedes Mitglied des Reichsrats sind befugt, im Reichsrat Anträge zu stellen.**

Der Reichsrat regelt seinen Geschäftsgang durch eine Geschäftsordnung.

Die Vollsitzungen des Reichsrats sind öffentlich. Nach Maßgabe der Geschäftsordnung kann die Öffentlichkeit für einzelne Beratungsgegenstände ausgeschlossen werden.

Bei der Abstimmung entscheidet die einfache Mehrheit der Abstimmenden.

Art. 67. [Mitwirkung bei der Reichsverwaltung.] **Der Reichsrat ist von den Reichsministerien über die Führung der Reichsgeschäfte auf dem Laufenden zu halten. Zu Beratungen über wichtige Gegenstände sollen von den Reichsministerien die zuständigen Ausschüsse des Reichsrats zugezogen werden.**

Da der Reichsrat jetzt ein auch äußerlich von der Regierung scharf sich scheidendes Organ ist, so mußte sein Verhältnis zu dieser eingehend geregelt werden. Es ist in wichtigen Punkten anders ausgestaltet wie das des Reichstags: der Reichsrat hat kein Selbstversammlungsrecht, sondern wird von der Regierung einberufen (tatsächlich tagt er ebenso wie der Bundesrat ständig), und die Regierung führt in ihm den Vorsitz. Nach Art. 65 Satz 2 kann der

Reichsrat das Erscheinen der Mitglieder der Reichsregierung bei seinen Beratungen und denen seiner Ausschüsse verlangen; dies gibt eine allerdings schwache Möglichkeit, eine gewisse Verantwortlichkeit der Reichsregierung dem Reichsrat gegenüber geltend zu machen. Da die Stellung des Reichsrats auch im übrigen schwach ist und er nicht, wie das beim Bundesrat zutraf, von selbst über alle Reichsangelegenheiten informiert wird, mußte durch Art. 67 eigens dafür gesorgt werden, daß er und seine Ausschüsse nicht in wichtigen Angelegenheiten von der Reichsregierung mehr oder weniger beiseite geschoben werden können.

Die in Art. 66 in Aussicht gestellte Geschäftsordnung für den Reichsrat ist am 20. Nov. 1919 erlassen und im Zentralblatt f. d. Deutsche Reich (1919, S. 1521, vgl. auch 1920, S. 1290) veröffentlicht worden.

Fünfter Abschnitt: Die Reichsgesetzgebung.

Nachdem die Abschnitte 2 bis 4 die Hauptorgane des Reichs und zwar in erster Linie hinsichtlich ihrer Formation besprochen haben, werden in den Abschnitten 5—7 die Hauptfunktionen: Gesetzgebung, Verwaltung und Rechtspflege behandelt. Diese Aufzählung erweckt den Anschein, als ob unsere R. V. auf dem Grundsatz der Gewaltenteilung aufgebaut wäre. In Wirklichkeit ist das, wie im Schlußabschnitt zu zeigen sein wird, nicht der Fall.

Im vorliegenden Abschnitt wird festgelegt, wie und von welchen Organen die Reichsgesetzgebung ausgeübt wird. Indem hier einzelne Funktionen den verschiedenen Reichsorganen zugewiesen werden, bildet der Abschnitt eine Ergänzung der Bestimmungen über diese Organe im allgemeinen, wie sie die Abschnitte 2—4 gebracht hatten.

Die Vorschriften über den Weg der Gesetzgebung sind namentlich durch diejenigen über Volksbegehren und Volksentscheid recht verwickelt geworden. Bei genauerem Zusehen haben sich auch sofort eine Reihe von Streitfragen ergeben, die freilich vorläufig nicht praktisch geworden sind.

Art. 68. [Einbringung von Reichsgesetzen.] **Die Gesetzesvorlagen werden von der Reichsregierung oder aus der Mitte des Reichstags eingebracht.**

Die Reichsgesetze werden vom Reichstag beschlossen.

Vom Weg der Gesetzgebung sind mit dieser Bestimmung die zwei wichtigsten Stadien umschrieben: die Einbringung der Vorlagen und die Erhebung eines Entwurfs zum Gesetz.

Von den hier erwähnten beiden Arten der Einbringung ist die aus der Mitte des Reichstags — man spricht dann von Initiativanträgen — der seltenere Fall, da natürlich die Vorberatung von

Entwürfen im Schoß der Ministerien im allgemeinen mehr Gewähr für ihre gute Ausarbeitung bietet und daher vorgezogen wird. Bei Initiativanträgen ergibt sich die Eigentümlichkeit, daß das Gesetz im Reichstag beschlossen werden kann, ohne daß der Reichsrat überhaupt Gelegenheit bekommen hatte, sich zu ihm zu äußern, so daß ihm dann also nur die Einspruchsmöglichkeit bleibt.

Die von der Regierung eingebrachten Entwürfe müssen vorher in der aus Art. 69 zu ersehenden Weise dem Reichsrat zur Stellungnahme vorgelegen haben. Solche Regierungsvorlagen brauchen aber nicht unbedingt der eigenen Initiative der Regierung entsprungen zu sein, sondern es kann sein, daß diese dabei nur Vermittlerin für andere Organe ist, denen die Verfassung ein mittelbares Initiativrecht zugestanden hat: für den Reichsrat (Art. 69 Abs. 2) — für den Reichswirtschaftsrat bei wirtschafts- oder sozialpolitischen Gesetzentwürfen (Art. 165 Abs. 4) — für ein Zehntel der Stimmberechtigten, die im Weg des Volksbegehrens sich für die Vorlegung eines Gesetzesentwurfs ausgesprochen haben (Art. 73 Abs. 3).

Darin, daß der Reichstag ein Gesetz beschließt, sieht man ein Doppeltes: die Festlegung des Gesetzesinhalts und die Erteilung des Gesetzesbefehls, also die Sanktion, die nach der a. R. V. vom Bundesrat erteilt worden war; doch ist es zweifelhaft, ob die Scheidung dieser Funktionen noch Berechtigung hat, zumal sie auch unter dem alten Recht nicht unangefochten war.

Der Beschluß des Reichstags über ein Gesetz bedeutet wohl den entscheidenden Akt, aber noch nicht den Abschluß des Gesetzgebungsverfahrens. Zur Erlangung der formellen Gültigkeit ist für jedes Gesetz noch nötig die Ausfertigung und die Verkündigung, die nach Art. 70 dem Reichspräsidenten obliegt. Aber auch die Sanktion geschieht durch den Reichstag nicht endgültig und unbedingt, sondern die Verfassung verleiht seiner Beschlußfassung diese Wirkung gewissermaßen nur unter der auflösenden Bedingung, daß nicht ein Volksentscheid über das Gesetz angeordnet wird (Art. 73) oder der Reichsrat Einspruch erhebt (Art. 74).

Art. 69. [Zustimmung des Reichsrats.] **Die Einbringung von Gesetzesvorlagen der Reichsregierung bedarf der Zustimmung des Reichsrats. Kommt eine Übereinstimmung zwischen der Reichsregierung und dem Reichsrat nicht zustande, so kann die Reichsregierung die Vorlage**

gleichwohl einbringen, hat aber hierbei die abweichende Auffassung des Reichsrats darzulegen.

Beschließt der Reichsrat eine Gesetzesvorlage, welcher die Reichsregierung nicht zustimmt, so hat diese die Vorlage unter Darlegung ihres Standpunkts beim Reichstag einzubringen.

Satz 1 müßte richtiger lauten: Regierungsvorlagen sind vorher dem Reichsrat zur Stellungnahme vorzulegen; denn wie aus Satz 2 hervorgeht, bedürfen sie in Wirklichkeit nicht der Zustimmung des Reichsrats, sondern können auch ohne diese an den Reichstag gehen. Das mittelbare Initiativrecht des Reichsrats, das Abs. 2 sichert, wurde bei Art. 68 soeben schon gewürdigt. Ist die Reichsregierung mit der Vorlage des Reichsrats einverstanden, so wird sie diese als ihre Vorlage unter Erwähnung der Zustimmung des Reichsrats einbringen.

Art. 70. [Verkündung der Reichsgesetze.] **Der Reichspräsident hat die verfassungsmäßig zustande gekommenen Gesetze auszufertigen und binnen Monatsfrist im Reichs-Gesetzblatt zu verkünden.**

Die Ausfertigung, die durch Unterzeichnung der Urschrift des Gesetzes vollzogen und nach der das Gesetz datiert wird, bedeutet die Beurkundung, daß diese Urschrift den Wortlaut des Gesetzes darstellt, wie er sich auf Grund der Reichstags- und Reichsratsbeschlüsse (evtl. der Volksentscheidung) ergibt und zugleich die Beurkundung, daß alle Vorschriften über das Gesetzgebungsverfahren beobachtet sind. Dagegen beurkundet sie nicht, daß das Gesetz auch materiell verfassungsmäßig ist, d. h. daß es inhaltlich keiner Verfassungsbestimmung (z. B. über die Zuständigkeitsverteilung zwischen Reich und Ländern) widerspricht.

Die Pflicht zur Verkündung ist für den Reichspräsidenten keine unbedingte, wie namentlich Art. 73 zeigt. Über die Verkündungsformel enthält die R. V. keine Vorschriften. Eingebürgert hat sich jetzt — nach merkwürdiger Unsicherheit (vgl. darüber meine Bemerkungen in der D. Jur.-Ztg. 1920, S. 581) — die folgende Formel: „Der Reichstag hat das folgende Gesetz beschlossen, das mit Zustimmung des Reichsrats hiermit verkündet wird." Dieser Wortlaut ist einmal insofern irreführend, als er den Anschein erweckt, als müsse der Reichsrat zur Verkündung (und nicht zum Inhalt) des Gesetzes seine Zustimmung geben. Da der Reichsrat aber überhaupt kein eigentliches Recht der Zustimmung hat, sondern nur ein Einspruchsrecht (vgl. Art. 74), so ist die ganze Fassung unrichtig, und wir müssen feststellen, daß, nachdem wir im alten Reich 44 Jahre lang eine staatsrechtlich nicht korrekte Verkündungsformel hatten (vgl. oben S. 18), unter der n. R. V. wieder eine solche zur Anwendung kommt.

Art. 71. [Inkrafttreten der Reichsgesetze.] **Reichsgesetze treten, soweit sie nichts anderes bestimmen, mit dem vierzehnten Tage nach Ablauf des Tages in Kraft, an dem das Reichs-Gesetzblatt in der Reichshauptstadt ausgegeben worden ist.**

Wenn also beispielsweise eine Nummer in Berlin am 13. Jan. ausgegeben ist, so treten die in ihr enthaltenen Gesetze normalerweise am 27. Jan. in Kraft. (Dieser 14. Tag ist neuerdings auf jeder Nummer des RGBl. vermerkt.)

Zu Art. 72—75 (Volksbegehren und Volksentscheid). Bei noch so freiem Wahlrecht bietet eine Staatsform, in der das Volk seinen gesetzgeberischen Willen nur durch die Volksvertretungen äußern kann (repräsentative Demokratie) nicht die reinste Form der Demokratie dar. Diese ist vielmehr erst gegeben, wenn Gesetze auch unmittelbar vom Volk beschlossen werden können (unmittelbare Demokratie). Ursprünglich sind in den Demokratien die Gesetze meist auf diese Weise beschlossen worden, und diese Art der Gesetzgebung hatte sich namentlich in der Schweiz erhalten. In einigen Kantonen treten dort die stimmberechtigten Bürger auch äußerlich noch alljährlich zu einer Versammlung zusammen, in der die nötigen Gesetze beschlossen werden. In den anderen Kantonen und im Bund besteht die unmittelbare Form der Gesetzgebung insoweit, als die von der Volksvertretung angenommenen Gesetze durch Volksabstimmung verworfen werden (Referendum) und als Gesetze durch das Volk vorgeschlagen werden können (Initiative). Das Referendum ist meist fakultativ, bei Verfassungsänderungen aber im Bund wie in den Kantonen obligatorisch. Referendum und Initiative finden sich ähnlich in den Vereinigten Staaten, dort aber nur in den Einzelstaaten.

Die n. R. V. macht nun den Versuch, wenigstens das fakultative Referendum und die Initiative auf einen großen Flächenstaat, ein Reich von 60 Millionen, zu übertragen. Die ausgesprochene Absicht ist dabei, mit dieser Einrichtung eine Kontrolle des Parlaments zu erzielen. Indem wir die Frage, wie weit diese Absicht wohl erreicht werden wird, der Betrachtung im Schlußabschnitt vorbehalten, geben wir hier zunächst nur einen Überblick über die verschiedenen Möglichkeiten der Betätigung des Volkes in der Form der unmittelbaren Gesetzgebung.

Die beiden Formen werden Volksbegehren und Volksentscheid genannt. Der letztere setzt ein vom Reichstag schon beschlossenes Gesetz voraus, das der nachträglichen Genehmigung durch das Volk unterbreitet wird, und diesem sonach ein Recht der Gesetzesverwerfung gibt. Das Volksbegehren bedeutet eine besondere Art des Vorschlags von Gesetzen, die dann entweder durch Volksentscheid oder durch die Volksvertretung beschlossen werden, ersteres aber nicht ohne daß zuvor dem Reichstag Gelegenheit gegeben war, das Gesetz anzunehmen und so dem Volksentscheid vorzubeugen.

Es gibt nicht weniger als sechs Möglichkeiten, einen Volksentscheid herbeizuführen. Er findet statt 1. auf Anordnung des Reichspräsidenten, die nach jedem Gesetz möglich ist gemäß Art. 73, Abs. 1; 2. auf Anordnung des Reichspräsidenten nach erfolgtem Einspruch des Reichsrats, Art. 74, Abs. 3, Satz 2; 3. auf Anordnung des Reichspräsidenten, wenn der Einspruch des Reichsrats vom Reichstag mit Zweidrittelsmehrheit zurückgewiesen ist (dann dient also der Volksentscheid zum Schutz des Reichsrats gegen Majorisierung durch den Reichstag), Art. 74, Abs. 3, Satz 4; 4. auf Verlangen des Reichsrats, wenn dieser bei einer Verfassungsänderung vom Reichstag überstimmt worden ist, Art. 76, Abs. 2; 5. auf Antrag von $1/_{20}$ der Stimmberechtigten gegenüber einem Reichsgesetz, dessen Verkündung ausgesetzt ist, Art. 72 u. 73, Abs. 2; 6. nach Volksbegehren, wofern der begehrte Gesetzentwurf nicht vom Reichstag unverändert angenommen ist, Art. 73, Abs. 3. Das Nähere ist nunmehr geregelt durch das Gesetz über den Volksentscheid 6, vom 27. Juni 1921, RGBl. 1921 S. 790.

Schranken und Erschwerungen für das Wirksamwerden des Volksentscheids stellen namentlich dar Art. 72, S. 2; 73, Abs. 4; 75; 76, Abs. 1, Satz 4.

Das Recht der Anordnung eines Volksentscheids gegenüber jedem Gesetz (Art. 73, Abs. 1) bedeutet eine Art aufschiebendes Veto des Reichspräsidenten, für dessen Ausübung er aber natürlich an die Gegenzeichnung des Reichskanzlers gebunden ist.

Art. 72. [Aussetzung der Verkündung.] **Die Verkündung eines Reichsgesetzes ist um zwei Monate auszusetzen, wenn es ein Drittel des Reichstags verlangt. Gesetze, die der Reichstag und der Reichsrat für dringlich erklären, kann der Reichspräsident ungeachtet dieses Verlangens verkünden.**

Art. 73. [Volksbegehren und Volksentscheid.] **Ein vom Reichstag beschlossenes Gesetz ist vor seiner Verkündung zum Volksentscheid zu bringen, wenn der Reichspräsident binnen eines Monats es bestimmt.**

Ein Gesetz, dessen Verkündung auf Antrag von mindestens einem Drittel des Reichstags ausgesetzt ist, ist dem Volksentscheid zu unterbreiten, wenn ein Zwanzigstel der Stimmberechtigten es beantragt.

Ein Volksentscheid ist ferner herbeizuführen, wenn ein Zehntel der Stimmberechtigten das Begehren nach Vorlegung eines Gesetzentwurfs stellt. Dem Volksbegehren muß ein ausgearbeiteter Gesetzentwurf zugrunde liegen. Er ist von der Reichsregierung unter Darlegung ihrer Stellungnahme dem Reichstag zu unterbreiten. Der Volksentscheid findet nicht statt, wenn der begehrte Gesetzentwurf im Reichstag unverändert angenommen worden ist.

Über den Haushaltsplan, über Abgabengesetze und Besoldungsordnungen kann nur der Reichspräsident einen Volksentscheid veranlassen.

Das Verfahren beim Volksentscheid und beim Volksbegehren regelt ein Reichsgesetz.

Nachdem Art. 72 die Möglichkeit geschaffen hat, gegenüber jedem Gesetz, das nicht nach Art. 72 Satz 2 für dringlich erklärt ist, die Aussetzung der Verkündung zu verlangen, damit es dem Volksentscheid unterbreitet werden könne, bringt Art. 73 die Hauptbestimmungen über die unmittelbare Gesetzgebung, über die ein Überblick soeben schon gegeben wurde. Daß dem Volksbegehren ein ausgearbeiteter Gesetzentwurf zugrunde gelegt werden muß, soll verhindern, daß über bloße Schlagworte abgestimmt wird, deren Tragweite viele Abstimmenden nicht klar erkennen.

Das im letzten Absatz verheißene Gesetz ist noch nicht ergangen.

Art. 74. [Einspruch des Reichsrats.] **Gegen die vom Reichstag beschlossenen Gesetze steht dem Reichsrat der Einspruch zu.**

Der Einspruch muß innerhalb zweier Wochen nach der Schlußabstimmung im Reichstag bei der Reichsregierung eingebracht und spätestens binnen zwei weiteren Wochen mit Gründen versehen werden.

Im Falle des Einspruchs wird das Gesetz dem Reichstag zur nochmaligen Beschlußfassung vorgelegt. Kommt hierbei keine Übereinstimmung zwischen Reichstag und Reichsrat zustande, so kann der Reichspräsident binnen drei Monaten über den Gegenstand der Meinungsverschiedenheit einen Volksentscheid anordnen. Macht der Präsident von diesem Rechte keinen Gebrauch, so gilt das Gesetz als nicht zustande gekommen. Hat der Reichstag mit Zweidrittelmehrheit entgegen dem Einspruch des Reichsrats beschlossen, so hat der Präsident das Gesetz binnen drei Monaten in der vom Reichstag beschlossenen Fassung zu verkünden oder einen Volksentscheid anzuordnen.

Die Bestimmung ist maßgebend für die Stellung des Reichsrats innerhalb der gesetzgebenden Faktoren, welche Stellung als schwach oben (bei Art. 60ff.) schon gekennzeichnet wurde. Das Einspruchsrecht des Reichsrats kann man als eine Art Veto bezeichnen. Es ist kein absolutes, da es überwunden werden kann, aber auch nicht schlechtweg nur ein aufschiebendes, das durch Ablauf einer gewissen Frist seine Kraft von selbst verlieren würde. Es hat zunächst stets aufschiebende Wirkung; zu überwinden ist es aber nur durch besondere Mittel, nämlich entweder Zweidrittelmehrheit im Reichstag oder Volksentscheid. Wird keines dieser beiden Mittel mit Erfolg angewandt, dann ist die betreffende Vorlage als gescheitert zu betrachten.

Art. 75. [Außerkraftsetzung eines Reichstagsbeschlusses durch Volksentscheid.] **Durch den Volksentscheid kann ein Beschluß des Reichstags nur dann außer Kraft gesetzt werden, wenn sich die Mehrheit der Stimmberechtigten an der Abstimmung beteiligt.**

Die Verwerfung eines vom Reichstag beschlossenen Gesetzes bedeutet natürlich eine Desavouierung des Reichstags. Daher die Vorschrift, daß sich an einer solchen Volksabstimmung die Mehrheit aller Stimmberechtigten beteiligen muß, ein Erfordernis, das im Fall des Art. 76, Abs. 1, Satz 4 noch erheblich verschärft ist.

Art. 76. [Verfassungsänderndes Reichsgesetz.] **Die Verfassung kann im Wege der Gesetzgebung geändert werden. Jedoch kommen Beschlüsse des Reichstags auf Abänderung der Verfassung nur zustande, wenn zwei Drittel der gesetzlichen Mitgliederzahl anwesend sind und wenigstens zwei Drittel der Anwesenden zustimmen. Auch Beschlüsse des Reichsrats auf Abänderung der Verfassung bedürfen einer Mehrheit von zwei Dritteln der abgegebenen Stimmen. Soll auf Volksbegehren durch Volksentscheid eine Verfassungsänderung beschlossen werden, so ist die Zustimmung der Mehrheit der Stimmberechtigten erforderlich.**

Hat der Reichstag entgegen dem Einspruch des Reichsrats eine Verfassungsänderung beschlossen, so darf der Reichspräsident dieses Gesetz nicht verkünden, wenn der Reichsrat binnen zwei Wochen den Volksentscheid verlangt.

Während nach der a. R. V. Verfassungsänderungen außerordentlich leicht waren (im Reichstag überhaupt keine besondere Mehrheit, im Bundesrat höchstens 14 Stimmen dagegen), sind sie in der n. R. V. sehr erheblich erschwert worden, wie denn überhaupt die republikanischen Verfassungen starrer zu sein pflegen als die monarchischen. (Sie müssen dies sein, weil die Verfassungsfragen hier sonst allzu häufig in Fluß kämen, während in monarchischen Staaten auch ohne ausdrückliche Bestimmungen die monarchische Gewalt dem Staatswesen Stetigkeit und Beharrung verleiht.) Die Erschwerungen bestehen darin, daß für den Reichstag eine doppelt qualifizierte Mehrheit verlangt wird: Zweidrittelmehrheit bei der Abstimmung und Anwesenheit von zwei Drittel der Abgeordneten (danach kann immer noch eine Minderheit, nämlich 44,4 % der Abgeordneten, die Verfassungsänderung beschließen). Zweidrittelmehrheit ist auch für die Abstimmung im Reichsrat vorgeschrieben.

An der Verfassung darf überhaupt möglichst wenig gerüttelt werden! Mögen die bisher ergangenen Verfassungsänderungen (zu Art. 61, 167, 168, betr. die Reichsratsstimmen Preußens und Österreichs sowie betr. Oberschlesien) durch die Übergangsverhältnisse entschuldigt werden, so muß nun auf alle Fälle ein Ruhezustand eintreten. Auch die Verfassung der Vereinigten Staaten von 1787 hat in den allerersten Jahren noch einige Änderungen und Zusätze erfahren, dann aber ist sie nur noch bei allerwichtigsten Fragen (wie Abschaffung der Sklaverei) geändert worden, in hundert Jahren nur dreimal.

Zu Art. 76 erhebt sich noch die Frage, ob es denkbar ist, auf dem von ihm gewiesenen Weg eine ganz andere Staatsform einzuführen, eine Frage, die für die Beurteilung der monarchischen Bestrebungen wie andererseits derjenigen auf Einführung einer Rätediktatur von Wichtigkeit ist. Der Übergang zum einen wie zum andern durch regelrechte Verfassungsänderung ist in der Tat theoretisch nicht völlig ausgeschlossen, praktisch aber doch kaum denkbar; er setzt nämlich voraus, daß nicht nur Reichstag und Reichsrat mit Zweidrittelmehrheit einer solchen Verfassungsänderung zugeneigt wären, sondern bis zu einem gewissen Grad auch, daß Reichspräsident und Reichsregierung ihr nicht widerstreben, daß also alle diese Organe die Hand dazu bieten, ihre eigene Stellung zu zerstören oder doch an Bedeutung zu mindern.

Art. 77. [Verordnungsrecht der Reichsregierung.] **Die zur Ausführung der Reichsgesetze erforderlichen allgemeinen Verwaltungsvorschriften erläßt, soweit die Gesetze nichts anderes bestimmen, die Reichsregierung. Sie bedarf dazu der Zustimmung des Reichsrats, wenn die Ausführung der Reichsgesetze den Landesbehörden zusteht.**

Nach der a. R. V. Art. 7, Ziff. 2 war der Bundesrat berufen, die zur Ausführung der Reichsregierung erforderlichen „allgemeinen Verwaltungsvorschriften" zu erlassen, ein Ausdruck, über dessen Tragweite nie volle Klarheit herrschte. Die n. R. V. wußte nichts Besseres zu tun, als diesen unklaren Ausdruck wieder zu übernehmen. Wenn sich auch aus der Entstehungsgeschichte Hinweise dafür ergeben, daß jetzt unter dem fraglichen Ausdruck nur Verwaltungsverordnungen zu verstehen sein sollen (vgl. namentlich das Material bei Anschütz S. 77), so ist doch mit dem Ausdruck Anlaß zu neuen Unklarheiten gegeben.

Entsprechend ihrer Gesamtneigung überträgt die R. V. jetzt das Verordnungsrecht nicht dem Reichsrat, sondern der Reichsregierung. Der Reichsrat hat nur ein Zustimmungsrecht, wenn die Ausführung den Landesbehörden zusteht. In Satz 1 ist aber eine anderweitige Regelung durch Einzelgesetze vorbehalten, und es ist bemerkenswert, daß diese doch wieder stark die Neigung zeigen, den Reichsrat für diese Verordnungstätigkeit heranzuziehen. Es ist schon fast zur Regel geworden, die namentlich bei den höchst wichtigen Steuergesetzen durchweg befolgt ist, daß die Ausführungsbestimmungen nicht von der Reichsregierung, sondern von den einzelnen Ministern mit Zustimmung des Reichsrats erlassen werden. Man wird das nur begrüßen können, da der Reichsrat mit seinen Ausschüssen in der Tat für sachlich-juristische Arbeit, wie sie meist für die Ausführungsbestimmungen nötig ist, besser geeignet ist als die Reichsregierung.

Sechster Abschnitt: Die Reichsverwaltung.

Während der 5. Abschnitt regelt, von welchen Reichsorganen die Reichsgesetzgebung ausgeübt wird, und ähnlich der 7. dies für die Rechtspflege tut, behandelt der scheinbar ganz entsprechende 6. Abschnitt nicht in erster Linie die Frage, von welchen Reichsorganen die Reichsverwaltung ausgeübt wird, sondern vielmehr was überhaupt zur Reichsverwaltung gehört und nicht zur Landesverwaltung. Er stellt daher nicht sowohl ein Seitenstück zum 5. und 7. als in erster Linie eine Fortsetzung zum 1. Abschnitt dar, den Bestimmungen über das Verhältnis von Reich und Ländern. Vergeblich würde man auch in diesem Abschnitt eine Bestimmung suchen, die besagte, von welchen Reichsorganen grundsätzlich die vollziehende Gewalt im Reiche ausgeübt wird, nur die Art. 85, 88, Abs. 3 und 91 berühren diese Frage, der Hauptsache nach ist sie aber im Abschnitt über Reichspräsident und Reichsregierung behandelt.

Art. 78. [Äußeres.] **Die Pflege der Beziehungen zu den auswärtigen Staaten ist ausschließlich Sache des Reichs.**

In Angelegenheiten, deren Regelung der Landesgesetzgebung zusteht, können die Länder mit auswärtigen Staaten Verträge schließen; die Verträge bedürfen der Zustimmung des Reichs.

Vereinbarungen mit fremden Staaten über Veränderung der Reichsgrenzen werden nach Zustimmung des beteiligten Landes durch das Reich abgeschlossen. Die Grenzveränderungen dürfen nur auf Grund eines Reichsgesetzes erfolgen, soweit es sich nicht um bloße Berichtigung der Grenzen unbewohnter Gebietsteile handelt.

Um die Vertretung der Interessen zu gewährleisten, die sich für einzelne Länder aus ihren besonderen wirtschaftlichen Beziehungen oder ihrer benachbarten Lage zu auswärtigen Staaten ergeben, trifft das Reich im Einvernehmen mit den beteiligten Ländern die erforderlichen Einrichtungen und Maßnahmen.

Während nach der a. R. V. die einzelnen Staaten noch das volle Gesandtschaftsrecht und wenigstens das passive Konsulatsrecht besaßen, ist den Ländern zufolge Abs. 1 dieses Recht jetzt höchstens noch für den Verkehr untereinander und etwa mit dem päpstlichen Stuhl (der ja kein auswärtiger Staat ist) belassen. Das Recht der Vertragsschließung mit auswärtigen Staaten ist dagegen nicht wesentlich gegenüber bisher geändert, allerdings an die Zustimmung des Reichs gebunden. Abs. 4 gibt andererseits den Ländern ein neues Mittel, ihre Interessen bei den Vertragsschließungen zur Geltung zu bringen.

Art. 79. [Landesverteidigung.] **Die Verteidigung des Reichs ist Reichssache. Die Wehrverfassung des deutschen Volkes wird unter Berücksichtigung der besonderen landsmannschaftlichen Eigenarten durch ein Reichsgesetz einheitlich geregelt.**

An Stelle der sehr gekünstelten Rechtsstellung, welche das Heerwesen unter der a. R. V. angenommen hatte, ist nun bestimmt, daß die Wehrmacht schlechtweg Reichssache ist. Maßgebend für ihre Ausgestaltung sind bekanntlich an erster Stelle die Bestimmungen des Versailler Friedensvertrages. Die Schlußfolgerungen aus ihm ziehen namentlich das Gesetz über die Abschaffung der allgemeinen Wehrpflicht und die Regelung der Dauer der Dienstverpflichtung vom 21. Aug. 1920 (RGBl. 1920, S. 1608) sowie das Wehrgesetz vom 23. März 1921 (RGBl. 1921, S. 329), die die allgemeine Wehrpflicht abschaffen und die Zahl der Angehörigen auf 100000 im Heere und 15000 in der Marine begrenzen, sowie eine 12jährige Dienstzeit für Mannschaften, und eine 25jährige für Offiziere vorschreiben.

Art. 80. [Kolonien.] **Das Kolonialwesen ist ausschließlich Sache des Reichs.**

Hoffen wir, daß diese Bestimmung nicht umsonst in unserer Verfassung steht: die kolonialen Bestimmungen des Friedensvertrages gehören zu denjenigen, deren Ungerechtigkeit am offenkundigsten ist. Bei etwas kluger Politik kann es gelingen, ihre Abänderung zu erzielen und wieder ein Feld für den kolonisatorischen Betätigungsdrang unseres Volkes zu schaffen.

Art. 81. [Handelsflotte.] **Alle deutschen Kauffahrteischiffe bilden eine einheitliche Handelsflotte.**

Diese aus der a. R. V. übernommene Bestimmung besagt, was eigentlich seit der Gründung des Reichs schon selbstverständlich war, daß im internationalen Verkehr unsere Schiffe nicht als hamburgische, bremische usw. zu gelten haben, sondern eben als deutsche.

Art. 82. [Zollgebiet.] **Deutschland bildet ein Zoll- und Handelsgebiet, umgeben von einer gemeinschaftlichen Zollgrenze.**

Die Zollgrenze fällt mit der Grenze gegen das Ausland zusammen. An der See bildet das Gestade des Festlandes und der zum Reichsgebiet gehörigen Inseln die Zollgrenze. Für den Lauf der Zollgrenze an der See und an anderen Gewässern können Abweichungen bestimmt werden.

Fremde Staatsgebiete oder Gebietsteile können durch Staatsverträge oder Übereinkommen dem Zollgebiete angeschlossen werden.

Aus dem Zollgebiete können nach besonderem Erfordernis Teile ausgeschlossen werden. Für Freihäfen kann der Ausschluß nur durch ein verfassungsänderndes Gesetz aufgehoben werden.

Zollausschlüsse können durch Staatsverträge oder Übereinkommen einem fremden Zollgebiet angeschlossen werden.

Alle Erzeugnisse der Natur sowie des Gewerbe- und Kunstfleißes, die sich im freien Verkehre des Reichs befinden, dürfen über die Grenze der Länder und Gemeinden ein-, aus- oder durchgeführt werden. Ausnahmen sind auf Grund eines Reichsgesetzes zulässig.

Nachdem Luxemburg durch den Versailler Friedensvertrag aus dem deutschen Zollgebiet ausgeschieden ist, haben wir zur Zeit nur noch einige kleine Zollanschlüsse (Gebirgsdörfer an der österreichischen Grenze). Abs. 4 schützt die freien Grenzen von Hamburg und Bremen.

Der letzte Absatz macht Beschränkungen des freien Handels durch die Länder für künftig unmöglich, auch solche aus ernährungspolitischen Gründen, wie sie bekanntlich während des Kriegs und nach dem Kriege wieder eingeführt waren.

Art. 83. [Zölle und Verbrauchssteuern.] **Die Zölle und Verbrauchssteuern werden durch Reichsbehörden verwaltet.**

Bei der Verwaltung von Reichsabgaben durch Reichsbehörden sind Einrichtungen vorzusehen, die den Ländern die Wahrung besonderer Landesinteressen auf dem Gebiete der Landwirtschaft, des Handels, des Gewerbes und der Industrie ermöglichen.

Art. 84. [Durchführung der Reichsabgabengesetze.] **Das Reich trifft durch Gesetz die Vorschriften über: 1. die Einrichtung der Abgabenverwaltung der Länder, soweit es die einheitliche und gleichmäßige Durchführung der Reichsabgabengesetze erfordert; 2. die Einrichtung und Befugnisse der mit der Beaufsichtigung der Ausführung der Reichsabgabengesetze betrauten Behörden; 3. die Abrechnung mit den Ländern; 4. die Vergütung der Verwaltungskosten bei Ausführung der Reichsabgabengesetze.**

Die beiden Artikel sind in der Hauptsache dadurch überholt, daß nach der Reichs-Abg.-O. vom 13. Dez. 1919 die Verwaltung aller Reichssteuern, nicht nur die der Zölle und Verbrauchsabgaben, den Reichsfinanzbehörden obliegt. Einige Bestimmungen der in Art. 84 Ziff 1 gedachten Art enthält das wichtige Landes-Steuer-Ges. vom 30. März 1920.

Art. 85. [Reichshaushalt.] **Alle Einnahmen und Ausgaben des Reichs müssen für jedes Rechnungsjahr veranschlagt und in den Haushaltsplan eingestellt werden.**

Der Haushaltsplan wird vor Beginn des Rechnungsjahrs durch ein Gesetz festgestellt.

Die Ausgaben werden in der Regel für ein Jahr bewilligt; sie können in besonderen Fällen auch für eine längere Dauer bewilligt werden. Im übrigen sind Vorschriften im Reichshaushaltsgesetz unzulässig, die über das Rechnungsjahr hinausreichen oder sich nicht auf die Einnahmen und Ausgaben des Reichs oder ihre Verwaltung beziehen.

Der Reichstag kann im Entwurfe des Haushaltsplans ohne Zustimmung des Reichsrats Ausgaben nicht erhöhen oder neu einsetzen.

Die Zustimmung des Reichsrats kann gemäß den Vorschriften des Artikel 74 ersetzt werden.

Art. 86. [Rechnungslegung.] **Über die Verwendung aller Reichseinnahmen legt der Reichsfinanzminister in dem folgenden Rechnungsjahre zur Entlastung der Reichsregierung dem Reichsrat und dem Reichstag Rechnung. Die Rechnungsprüfung wird durch Reichsgesetz geregelt.**

Art. 87. [Anleihegesetze.] **Im Wege des Kredits dürfen Geldmittel nur bei außerordentlichem Bedarf und in der Regel nur für Ausgaben zu werbenden Zwecken beschafft werden. Eine solche Beschaffung sowie die Übernahme einer Sicherheitsleistung zu Lasten des Reichs dürfen nur auf Grund eines Reichsgesetzes erfolgen.**

Die Regelung des Budgetrechts weist gegenüber der a. R. V. keine sehr wesentlichen Änderungen auf. Geblieben ist namentlich der einjährige Haushalt und die Vorschrift, daß er durch ein formelles Gesetz festgestellt werden muß. Ohne ausdrückliche Festlegung in der R. V. ist auch als Rechnungsjahr die Zeit vom 1. April bis 31. März geblieben. Nach dem neuen Recht hat der Reichstag ebensowenig wie nach dem alten ein schrankenloses Bewilligungs- und Verweigerungsrecht, sondern rechtlich notwendige (z. B. durch das Besoldungsgesetz geforderte) Ausgaben muß der Reichstag bewilligen. Aber es ist in der n. R. V. wie in der alten nicht gesagt, was geschieht, wenn er es nicht tut (dagegen enthält interessante Bestimmungen hierüber die neue preußische Verfassung vom 30. Nov. 1920, Art. 64, und es dürften gegebenenfalls die dort enthaltenen Bestimmungen auf das Reich entsprechend anzuwenden sein).

Daß die Rechnungslegung, die Art. 86 erfordert, auch dem Reichsrat gegenüber erfolgt, ist bemerkenswert. Es gelten vorläufig noch die älteren einschlägigen Gesetze, namentlich das Gesetz über die Reichs-Rechnungskontrolle vom 21. März 1910, RGBl. 1910, S. 521.

Art. 87 Satz 1 stellt bei unserer fürchterlichen Finanzlage natürlich zunächst nicht viel mehr als einen guten Vorsatz dar.

Art. 88. [Post- und Telegraphenwesen.] **Das Post- und Telegraphenwesen samt dem Fernsprechwesen ist ausschließlich Sache des Reichs.**

Die Postwertzeichen sind für das ganze Reich einheitlich.

Die Reichsregierung erläßt mit Zustimmung des Reichsrats die Verordnungen, welche Grundsätze und Gebühren für die Benutzung der Verkehrseinrichtungen festsetzen. Sie kann diese Befugnis mit Zustimmung des Reichsrats auf den Reichspostminister übertragen.

Zur beratenden Mitwirkung in Angelegenheiten des Post-, Telegraphen- und Fernsprechverkehrs und der Tarife errichtet die Reichsregierung mit Zustimmung des Reichsrats einen Beirat.

Verträge über den Verkehr mit dem Ausland schließt allein das Reich.

Mit dieser Bestimmung ist den 1871 noch vorbehaltenen eigenen Postverwaltungen von Bayern und Württemberg das Urteil gesprochen worden. Ihre Überführung auf das Reich (vgl. Art. 170) erfolgte schon am 1. April 1920 (Ges. vom 27. April 1920 nebst beigefügten Staatsverträgen, RGBl. 1920, S. 643).

Entgegen Abs. 3 sind die Post-, Telegraphen- und Fernsprechgebühren seit Erlaß der R. V. doch durch Gesetz geregelt worden (vgl. Ges. über die Postgebühren vom 22. März 1921, RGBl. 1921, S. 237, betr. Telegraphen- und Fernsprechgebühren vom 22. März 1921, RGBl. 1921, S. 243). Es ist verständlich, daß die Regierung dies der Regelung im Verordnungsweg vorzieht, weil eine solche Gebührenerhöhung vermögensrechtlich für den Bürger nicht weniger einschneidend ist, als irgendeine Steuererhöhung (kaum zutreffend daher auch die von Anschütz, Komm. S. 157 vertretene Ansicht, daß solche Gebührenordnungen in die Klasse der bloßen Verwaltungsverordnungen, nicht der Rechtsverordnungen gehören).

Art. 89. [Reichseisenbahnen.] **Aufgabe des Reichs ist es, die dem allgemeinen Verkehre dienenden Eisenbahnen in sein Eigentum zu übernehmen und als einheitliche Verkehrsanstalt zu verwalten.**

Die Rechte der Länder, Privateisenbahnen zu erwerben, sind auf Verlangen dem Reiche zu übertragen.

Art. 90. [Enteignungsbefugnis für Reichseisenbahnen.] **Mit dem Übergang der Eisenbahnen übernimmt das Reich die Enteignungsbefugnis und die staatlichen Hoheitsrechte, die sich auf das Eisenbahnwesen beziehen. Über den Umfang dieser Rechte entscheidet im Streitfall der Staatsgerichtshof.**

Art. 91. [Eisenbahnverordnungen.] **Die Reichsregierung erläßt mit Zustimmung des Reichsrats die Verordnungen, die den Bau, den Betrieb und den Verkehr der Eisenbahnen regeln. Sie kann diese Befugnis mit Zustimmung des Reichsrats auf den zuständigen Reichsminister übertragen.**

Art. 92. [Sonderverwaltung der Reichseisenbahnen.] **Die Reichseisenbahnen sind, ungeachtet der Eingliederung ihres Haushalts und ihrer Rechnung in den allgemeinen Haushalt und die allgemeine Rechnung des Reichs, als ein selbständiges wirtschaftliches Unternehmen zu verwalten, das seine Ausgaben einschließlich Verzinsung und Tilgung der Eisenbahnschuld selbst zu bestreiten und eine Eisenbahnrücklage anzusammeln hat. Die Höhe der Tilgung und der Rücklage sowie die Verwendungszwecke der Rücklage sind durch besonderes Gesetz zu regeln.**

Art. 93. [Eisenbahnbeiräte.] **Zur beratenden Mitwirkung in Angelegenheiten des Eisenbahnverkehrs und der Tarife errichtet die Reichsregierung für die Reichseisenbahnen mit Zustimmung des Reichsrats Beiräte.**

Art. 94. [Reichseisenbahnmonopol.] **Hat das Reich die dem allgemeinen Verkehre dienenden Eisenbahnen eines bestimmten Gebiets in seine Verwaltung übernommen, so können innerhalb dieses Gebiets neue, dem allgemeinen Verkehre dienende Eisenbahnen nur vom Reiche oder mit seiner Zustimmung gebaut werden. Berührt der Bau neuer oder die Veränderung bestehender Reichseisenbahnanlagen den Geschäftsbereich der Landespolizei, so hat die Reichseisenbahnverwaltung vor der Entscheidung die Landesbehörden anzuhören.**

Wo das Reich die Eisenbahnen noch nicht in seine Verwaltung übernommen hat, kann es für den allgemeinen Verkehr oder die Landesverteidigung als notwendig erachtete Eisenbahnen kraft Reichsgesetzes auch gegen den Widerspruch der Länder, deren Gebiet durchschnitten wird, jedoch unbeschadet der Landeshoheitsrechte, für eigene Rechnung anlegen oder den Bau einem anderen zur Ausführung überlassen, nötigenfalls unter Verleihung des Enteignungsrechts.

Jede Eisenbahnverwaltung muß sich den Anschluß anderer Bahnen auf deren Kosten gefallen lassen.

Art. 95. [Aufsicht über Nichtreichsbahnen.] **Eisenbahnen des allgemeinen Verkehrs, die nicht vom Reiche verwaltet werden, unterliegen der Beaufsichtigung durch das Reich.**

Die der Reichsaufsicht unterliegenden Eisenbahnen sind nach den gleichen, vom Reiche festgesetzten Grundsätzen anzulegen und auszurüsten. Sie sind in betriebssicherem Zustand zu erhalten und entsprechend den Anforderungen des Verkehrs auszubauen. Personen- und Güterverkehr sind in Übereinstimmung mit dem Bedürfnis zu bedienen und auszugestalten.

Bei der Beaufsichtigung des Tarifwesens ist auf gleichmäßige und niedrige Eisenbahntarife hinzuwirken.

Art. 96. [Eisenbahnen und Landesverteidigung.] **Alle Eisenbahnen, auch die nicht dem allgemeinen Verkehre dienenden, haben den Anforderungen des Reichs auf Benutzung der Eisenbahnen zum Zwecke der Landesverteidigung Folge zu leisten.**

Der Übergang der Eisenbahnen auf das Reich stellt einen der wichtigsten Fortschritte in der Richtung auf den Unitarismus dar, den die n. R. V. brachte. Früher, als nach Art. 171 anzunehmen war, nämlich schon auf 1. April 1920, ist dieser Übergang auch tatsächlich erfolgt. Durch ein Gesetz vom 30. April 1920, RGBl. 1920, S. 773 (das also Rückwirkung hatte) wurden genehmigt Staatsverträge des Reichs mit Bayern, Sachsen, Württemberg, Baden, Hessen, Mecklenburg-Schwerin und Oldenburg, die diesen Übergang im einzelnen regelten. Im Wege der Entschädigung übernahm dabei das Reich die Eisenbahnschulden dieser Länder, wodurch diese nahezu schuldenfrei wurden.

Die Verreichung der Bahnen (wie man richtiger sagt als Verreichlichung) stellt verkehrspolitisch einen großen, seit Jahrzehnten von Handel und Gewerbe ersehnten Fortschritt dar, bei dem freilich in Kauf genommen werden mußte eine gewaltige Verstärkung des Berliner Zentralismus. Eine Sicherung ihm gegenüber stellt dar die oben besprochene Schutzbestimmung für Beamte (Art. 16); die Länder haben sich ferner in den Staatsverträgen noch einige andere Selbständigkeitsrechte vorbehalten können.

Von den in Art. 91 erwähnten Regelungen sind die wichtigsten die Eisenbahn-Bau- und Betriebsordnung vom 4. Nov. 1904 und die Eisenbahn-Verkehrsordnung vom 23. Dez. 1908.

Unter dem alten Regime hatte die preußische Eisenbahnverwaltung, die überhaupt zu den hervorragendsten Leistungen des alten Preußen gehörte und wegen ihrer Pünktlichkeit und Ordnung sowie der Pflichterfüllung ihrer Beamten weltberühmt war, so bedeutende Überschüsse abgeworfen, daß sie eine ganz wesentliche Stütze des preußischen Staatshaushalts war. Dies ist seit dem Umsturz leider gründlich anders geworden. Es ist ein Zeichen der Zeit, daß Art. 92 den Satz aufstellen mußte, daß die Eisenbahnen keine Zuschußbetriebe sein sollen.

Nach Art. 89 sollen auch Privatbahnen, wofern sie dem allgemeinen (nicht nur dem rein örtlichen) Verkehr dienen, mit der Zeit auf das Reich übernommen werden. Solange es nicht geschehen ist, greift ihnen gegenüber das Aufsichtsrecht des Art. 95 Platz.

Art. 97. [Übernahme der Wasserstraßen auf das Reich.] **Aufgabe des Reichs ist es, die dem allgemeinen Verkehre dienenden Wasserstraßen in sein Eigentum und seine Verwaltung zu übernehmen.**

Nach der Übernahme können dem allgemeinen Verkehre dienende Wasserstraßen nur noch vom Reiche oder mit seiner Zustimmung angelegt oder ausgebaut werden.

Bei der Verwaltung, dem Ausbau oder dem Neubau von Wasserstraßen sind die Bedürfnisse der Landeskultur und der Wasserwirtschaft im Einvernehmen mit den Ländern zu wahren. Auch ist auf deren Förderung Rücksicht zu nehmen.

Jede Wasserstraßenverwaltung hat sich den Anschluß anderer Binnenwasserstraßen auf Kosten der Unternehmer gefallen zu lassen. Die gleiche Verpflichtung besteht für die Herstellung einer Verbindung zwischen Binnenwasserstraßen und Eisenbahnen.

Mit dem Übergange der Wasserstraßen erhält das Reich die Enteignungsbefugnis, die Tarifhoheit sowie die Strom- und Schiffahrtspolizei.

Die Aufgaben der Strombauverbände in bezug auf den Ausbau natürlicher Wasserstraßen im Rhein-, Weser- und Elbgebiet sind auf das Reich zu übernehmen.

Art. 98. [Wasserstraßenbeiräte.] Zur Mitwirkung in Angelegenheiten der Wasserstraßen werden bei den Reichswasserstraßen nach näherer Anordnung der Reichsregierung unter Zustimmung des Reichsrats Beiräte gebildet.

Art. 99. [Befahrungsabgaben.] Auf natürlichen Wasserstraßen dürfen Abgaben nur für solche Werke, Einrichtungen und sonstige Anstalten erhoben werden, die zur Erleichterung des Verkehrs bestimmt sind. Sie dürfen bei staatlichen und kommunalen Anstalten die zur Herstellung und Unterhaltung erforderlichen Kosten nicht übersteigen. Die Herstellungs- und Unterhaltungskosten für Anstalten, die nicht ausschließlich zur Erleichterung des Verkehrs, sondern auch zur Förderung anderer Zwecke bestimmt sind, dürfen nur zu einem verhältnismäßigen Anteil durch Schiffahrtsabgaben aufgebracht werden. Als Herstellungskosten gelten die Zinsen und Tilgungsbeträge für die aufgewandten Mittel.

Die Vorschriften des vorstehenden Absatzes finden Anwendung auf die Abgaben, die für künstliche Wasserstraßen sowie für Anstalten an solchen und in Häfen erhoben werden.

Im Bereiche der Binnenschiffahrt können für die Bemessung der Befahrungsabgaben die Gesamtkosten einer Wasserstraße, eines Stromgebiets oder eines Wasserstraßennetzes zugrunde gelegt werden.

Diese Bestimmungen gelten auch für die Flößerei auf schiffbaren Wasserstraßen.

Auf fremde Schiffe und deren Ladungen andere oder höhere Abgaben zu legen, als auf deutsche Schiffe und deren Ladungen, steht nur dem Reiche zu.

Zur Beschaffung von Mitteln für die Unterhaltung und den Ausbau des deutschen Wasserstraßennetzes kann das Reich die Schiffahrtsbeteiligten auch auf andere Weise durch Gesetz zu Beiträgen heranziehen.

Art. 100. [Beitragspflicht anderer Beteiligter.] Zur Deckung der Kosten für Unterhaltung und Bau von Binnenschiffahrtswegen kann durch ein Reichsgesetz auch herangezogen werden, wer aus dem Bau von Talsperren in anderer Weise als durch Befahrung Nutzen zieht, sofern

mehrere Länder beteiligt sind oder das Reich die Kosten der Anlage trägt.

Art. 101. [Seezeichen.] **Aufgabe des Reichs ist es, alle Seezeichen, insbesondere Leuchtfeuer, Feuerschiffe, Bojen, Tonnen und Baken in sein Eigentum und seine Verwaltung zu übernehmen. Nach der Übernahme können Seezeichen nur noch vom Reiche oder mit seiner Zustimmung hergestellt oder ausgebaut werden.**

Wegen des hier vorgesehenen Übergangs der Wasserstraßen auf das Reich ist, anders als bei den Bahnen, vor dem 1. April 1921 eine Verständigung nicht erzielt worden, so daß dann eben der Übergang ohne eine solche zu diesem Tag erfolgte. Am 29. Juli 1921 wurde dann mit Rückwirkung auf 1. April 1921 ein Staatsvertrag zwischen dem Reich und sämtlichen beteiligten Ländern, betreffend den Übergang der Wasserstraßen von den Ländern auf das Reich durch Reichsgesetz bestätigt (RGBl. 1921, S. 961).

Art. 99 legt von neuem den Grundsatz der nur ganz beschränkten Schiffahrtsabgaben fest, so wie er nach langem Streit im Jahre 1911 durch das Ges. betr. den Ausbau der deutschen Wasserstraßen und die Erhebung von Schiffahrtsabgaben vom 24. Dez. 1911 (RGBl. 1911, S. 1137) festgelegt worden war. Übrigens werden diese Bestimmungen ganz wesentlich in ihrer Geltung eingeschränkt durch den Friedensvertrag, der unsere wichtigsten Ströme, Elbe, Oder, Memel, Donau und namentlich auch den Rhein förmlich internationalisiert und dabei auch die Möglichkeit der Erhebung von Schiffahrtsabgaben an besonders enge Grenzen bindet.

Siebenter Abschnitt: Die Rechtspflege.

Die grundsätzliche Frage, die hier zu regeln war, galt der nach der Volkswahl der Richter, wie sie, gestützt übrigens auf staatsrechtliche Doktrinen (Montesquieus Gewaltenteilungslehre), das sozialdemokratische Parteiprogramm von jeher gefordert hatte und wie sie in der Schweiz und den Einzelstaaten von Amerika wenigstens teilweise verwirklicht ist. Aber die Erfahrungen mit der Volkswahl der Richter sind in diesen Ländern doch nicht so, daß sie unbedingt zur Nachahmung verlocken konnten[1]); für uns mußten nicht nur die im ganzen doch guten Erfahrungen mit dem bisherigen System, sondern gerade auch die Notwendigkeit, für die Zeiten des Parteistaats eine unabhängige Rechtspflege zu sichern, auf Beibehaltung der obrigkeitlichen Ernennung der Richter und ihrer Bestellung auf Lebenszeit hinwirken. Dies ist denn auch in der R. V. jetzt festgelegt worden, während es bisher nur in einem einfachen Gesetz, dem Gerichtsverfassungsgesetz von 1877, enthalten gewesen war.

1) Vgl. z. B. Reichel, Stellung und Bestellung der Richter in der Schweiz, 1919.

Die übrigen Bestimmungen des Abschnitts gelten dem Weiterausbau der Rechtspflegeeinrichtungen auf verschiedenen Gebieten.

Art. 102. [Unabhängigkeit der Richter.] **Die Richter sind unabhängig und nur dem Gesetz unterworfen.**

Die Unabhängigkeit der Richter bedeutet hier wie in den älteren Verfassungen in erster Linie Selbständigkeit gegenüber der Regierung.

Wenn der Richter nur dem Gesetz unterworfen ist, so nötigt ihn das zu einer Prüfung, ob etwas, was ihm als Gesetz vorgestellt ist, ein solches überhaupt ist, und weiter, ob es nicht aus irgendeinem Grund ungültig ist. Der Umfang des richterlichen Prüfungsrechts gegenüber Gesetz und Verordnung ist bestritten und von der n. R. V. leider wieder nicht klargestellt. Allgemein ist anerkannt, daß die Pflicht der Prüfung sich auf die richtige Verkündung erstreckt. Aber auch was im Gesetzblatt steht, bindet den Richter nicht unter allen Umständen. Ganz abgesehen von den schwierigen, aber praktisch minder wichtigen Fragen, wie weit der Richter etwa der Behauptung von Inkorrektheiten der Ausfertigung und dgl. nachzugehen hat, darf er sicher auch prüfen, ob eine Verordnung, die Gesetzeskraft beansprucht, auch wirklich gesetzmäßig ist, und ferner, ob ein Landesgesetz mit dem Reichsrecht übereinstimmt. Dagegen wird mehrfach auch für die n. R. V. behauptet (was unter der alten allerdings rechtens war), daß die Übereinstimmung eines Reichsgesetzes mit der R. V., eines Landesgesetzes mit der Landesverfassung vom Richter nicht zu prüfen sei. Dies ist jedoch unrichtig; die Konsequenz dieser Auffassung wäre, daß der Richter Gesetze, von deren Verfassungswidrigkeit er überzeugt ist, anwenden müßte, und dies widerspräche sowohl dem Wortlaut als dem Geist der neuen R. V. Es ist also von der Zulässigkeit der Prüfung der Gesetze auch auf ihre materielle Verfassungsmäßigkeit auszugehen![1])

Art. 103. [Die ordentliche Gerichtsbarkeit.] **Die ordentliche Gerichtsbarkeit wird durch das Reichsgericht und durch die Gerichte der Länder ausgeübt.**

Den Gegensatz zur ordentlichen Gerichtsbarkeit, das heißt der streitentscheidenden Tätigkeit der gewöhnlichen Gerichte bildet na-

1) Wegen der näheren Begründung und des Stands der Meinungen vgl. meinen Artikel: „Sind die ordentlichen Gerichte verpflichtet, verfassungswidrige Gesetze anzuwenden?" Dtsche. Jur.-Ztg. 1921, S. 580.

mentlich die Verwaltungsgerichtsbarkeit, zu der wir auch die Rechtsprechung in Steuersachen zu zählen haben.

Art. 104. [Stellung der Richter.] **Die Richter der ordentlichen Gerichtsbarkeit werden auf Lebenszeit ernannt. Sie können wider ihren Willen nur kraft richterlicher Entscheidung und nur aus den Gründen und unter den Formen, welche die Gesetze bestimmen, dauernd oder zeitweise ihres Amtes enthoben oder an eine andere Stelle oder in den Ruhestand versetzt werden. Die Gesetzgebung kann Altersgrenzen festsetzen, bei deren Erreichung Richter in den Ruhestand treten.**

Die vorläufige Amtsenthebung, die kraft Gesetzes eintritt, wird hierdurch nicht berührt.

Bei einer Veränderung in der Einrichtung der Gerichte oder ihrer Bezirke kann die Landesjustizverwaltung unfreiwillige Versetzungen an ein anderes Gericht oder Entfernungen vom Amte, jedoch nur unter Belassung des vollen Gehalts, verfügen.

Auf Handelsrichter, Schöffen und Geschworene finden diese Bestimmungen keine Anwendung.

Die grundsätzliche Bedeutung dieser Bestimmung ist in der Vorbemerkung zu diesem Abschnitt gewürdigt, auf die verwiesen sei.

Art. 105. [Verbot von Ausnahmegerichten.] **Ausnahmegerichte sind unstatthaft. Niemand darf seinem gesetzlichen Richter entzogen werden. Die gesetzlichen Bestimmungen über Kriegsgerichte und Standgerichte werden hiervon nicht berührt. Die militärischen Ehrengerichte sind aufgehoben.**

Auf Grund dieser Bestimmung ist alsbald die Rechtmäßigkeit der Wuchergerichte und der zur Aburteilung der Straftaten bei den großen Streiks und Unruhen (z. B. durch die Verordnung v. 29. März 1921, RGBl., S. 371) eingesetzten „außerordentlichen Gerichte" (vgl. oben bei Art. 48) angezweifelt worden. Überwiegend wurde ihre Rechtmäßigkeit bejaht, indem man als verbotene Ausnahmegerichte nur diejenigen betrachtete, die für einen bestimmten Einzelfall eigens eingesetzt werden; wenn dagegen ganze Gruppen von Personen oder Streitgegenständen, die gesetzlich im voraus bestimmt sind, besonderen, nach eigenen Vorschriften gebildeten Gerichten überwiesen werden, so soll es sich nur um erlaubte Sondergerichte handeln, wie solche z. B. die Kaufmanns- und Gewerbegerichte darstellen. Es liegt aber auf der Hand, daß nicht allzu schwer durch solche Sondergerichte das Verbot der Ausnahmegerichte umgangen werden kann, und es wäre daher im Interesse des Ansehens unserer Rechtspflege größte Zurückhaltung in der Einsetzung solcher Sondergerichte zu wünschen.

Art. 106. [Aufhebung der Militärgerichtsbarkeit.] **Die Militärgerichtsbarkeit ist aufzuheben, außer für Kriegszeiten und an Bord der Kriegsschiffe. Das Nähere regelt ein Reichsgesetz.**

Mit dieser Bestimmung ist eine schon früher von den Linksparteien erhobene Forderung erfüllt. Es ist aber nicht ohne Interesse festzustellen, daß im Jahre 1920 in der urdemokratischen Schweiz die Abschaffung der auch dort bestehenden Militärgerichtsbarkeit vom Volk im Wege des Referendums abgelehnt wurde.

Art. 107. [Verwaltungsgerichte.] **Im Reiche und in den Ländern müssen nach Maßgabe der Gesetze Verwaltungsgerichte zum Schutze der einzelnen gegen Anordnungen und Verfügungen der Verwaltungsbehörden bestehen.**

Verwaltungsgerichte hatten bisher schon in allen größeren Bundesstaaten bestanden, und das Reich besaß auch schon Verwaltungsgerichte für bestimmte Angelegenheiten, so namentlich das Reichsversicherungsamt, das Bundesamt für das Heimatwesen und seit 1918 den Reichsfinanzhof. Die Einrichtung des hier geforderten Reichsverwaltungsgerichts und die Bestimmung seiner Zuständigkeit ist eine Angelegenheit, die reichlicher Prüfung bedarf, wenn Gutes geschaffen werden soll.

Art. 108. [Staatsgerichtshof.] **Nach Maßgabe eines Reichsgesetzes wird ein Staatsgerichtshof für das Deutsche Reich errichtet.**

Das hier geforderte Gesetz ist ergangen am 9. Juli 1921 (RGBl. 1921, S. 905). Der Staatsgerichtshof wird für die Fälle der Anklagen des Reichstags (gegen den Reichspräsidenten oder Reichsminister) beim Reichsgericht, bei verfassungsrechtlichen Streitigkeiten beim (künftigen) Reichsverwaltungsgericht gebildet; solange er noch nicht in Funktion getreten ist, übt nach Art. 172 seine Befugnisse ein selbständiger Senat von sieben Mitgliedern aus, wovon der Reichsrat vier und das Reichsgericht drei aus seiner Mitte wählt.

Zweiter Hauptteil: Grundrechte und Grundpflichten der Deutschen.

Grundrechtsbestimmungen von der Art der hier vorliegenden hatten sich zwar nicht in der R. V. von 1871, wohl aber in den Einzelstaatsverfassungen gefunden (vgl. z. B. die „Rechte der Preußen", Titel 2 der preuß. Verfassung von 1850). Sie waren sämtlich beeinflußt von den Grundrechtsbestimmungen der französischen Revolutionsverfassungen, namentlich der berühmten „Erklärung der Menschen- und Bürgerrechte" von 1789. Es ist noch heute der große Stolz der Franzosen, daß ihre Nation damals eine solche Freiheitsurkunde hervorbrachte, die in der Tat für die europäische Verfassungsentwicklung sehr viel bedeutet hat. Ein Jahrhundert lang glaubte man ziemlich allgemein mit ihnen, daß diese Erklärung von 1789 ein ganz originelles Erzeugnis französischen Geistes gewesen sei und daß als ihr geistiger Vater Rousseau zu gelten habe Im Jahre 1895 wies aber der Heidelberger Staatsrechtslehrer Georg Jellinek († 1911) in seiner berühmt gewordenen Schrift „Die Erklärung der Menschen- und Bürgerrechte" (3. Aufl. 1919, herausgeg. von W. Jellinek) nach, daß in Wirklichkeit jene französische Erklärung nicht auf Rousseausche Ideen zurückzuführen ist, und daß sie überhaupt nicht ganz originell, sondern den Grundgesetzen amerikanischer Einzelstaaten nachgebildet war, von denen namentlich ein solches von Virginia von 1776 wichtig ist. Die Franzosen waren durch diese Entdeckung aufs tiefste gekränkt und wollten sie nicht gelten lassen, die Wissenschaft hat sie aber als richtig befunden, und die Forschung hat weiter ergeben, daß auch schon die „Bill of rights" von 1689, die vom englischen Parlament nach der zweiten englischen Revolution durchgesetzt wurde, der Sache nach Grundrechtsfestsetzungen enthielt.

Der Zweck solcher Grundrechte war immer, ein Mindestmaß individueller Freiheit gegenüber der Staatsgewalt zu sichern. Sie haben daher in erster Linie Sinn gegenüber dem monarchischen Obrigkeitsstaat. Dies war auch ihre Funktion in den deutschen Einzelstaatsverfassungen. Die hier enthaltenen Grundrechte waren aber durch die spätere Gesetzgebung größtenteils überholt gewesen, und es bestand fast nur noch ein akademischer Streit darüber, ob sie eigentlich Rechte seien oder nicht; überwiegend betrachtete man sie mehr nur noch als eine Sammlung von „Museumsstücken früherer Rechtskultur". Man konnte daher überrascht sein, daß bei der n. R. V. dann doch so großer Wert auf die Aufnahme solcher Grundrechte gelegt wurde. Der jetzt in der R. V. enthaltene Katalog derselben ist größer, die Regelung eingehender als je zuvor. Neu gegenüber bisher sind namentlich die ausführlichen Bestimmungen über das Wirtschafts- und Sozialleben. Dank ihnen namentlich stellt dieser zweite Hauptteil der R. V. nun wirklich ein Spiegelbild der staatlichen und wirtschaftlichen Strömungen — nicht sowohl der Jetztzeit überhaupt, sondern eben der bei uns im ersten Jahr nach dem verlorenen Krieg und unter dem maßgebenden Einfluß der sozialistischen Parteien herrschenden Strömungen dar. Sie enthalten manches, worüber die Mehrheit des Volkes heute bereits etwas anders denkt, namentlich auch manche Formulierung, die wir jetzt schon unangenehm als phrasenhaft empfinden.

An wichtigen rechtlichen Fragen bezüglich der Grundrechte ergibt sich namentlich die, wie weit sie unmittelbar geltendes Recht, wie weit sie nur Programmsätze sein wollen, die positives Recht erst durch ein ausführendes Reichs- oder Landesgesetz werden. Bestimmungen wie die von der Freiheit der Person, des Eigentums usw. sind unmittelbar gültige Rechtssätze. Umgekehrt verlangen Vorschriften wie die, daß Standesvorrechte aufzuheben sind u. dgl., offenbar noch ausführende Gesetze. Für eine Reihe von Bestimmungen ist die Frage aber zweifelhaft und muß nach dem Wortlaut des betreffenden Artikels geprüft werden. Soweit eine Grundrechtsbestimmung unmittelbar geltendes Recht ist, sind die durch sie begründeten Grundrechtrechte subjektive öffentliche Rechte.

Trotz der Überschrift sind diese Grundrechte und Grundpflichten nicht auf deutsche Reichsangehörige beschränkt, sondern gelten zum größten Teil auch für Ausländer. Wie bei Artikel 48 erwähnt, können im Fall des Ausnahmezustandes eine Reihe der wichtigsten Grundrechtsbestimmungen vorübergehend außer Kraft gesetzt werden.

Erster Abschnitt: Die Einzelperson.

Art. 109. [Gleichheit vor dem Gesetz.] **Alle Deutschen sind vor dem Gesetze gleich.**

Männer und Frauen haben grundsätzlich dieselben staatsbürgerlichen Rechte und Pflichten.

Öffentlich-rechtliche Vorrechte oder Nachteile der Geburt oder des Standes sind aufzuheben. Adelsbezeichnungen gelten nur als Teil des Namens und dürfen nicht mehr verliehen werden.

Titel dürfen nur verliehen werden, wenn sie ein Amt oder einen Beruf bezeichnen; akademische Grade sind hierdurch nicht betroffen.

Orden und Ehrenzeichen dürfen vom Staat nicht verliehen werden.

Kein Deutscher darf von einer ausländischen Regierung Titel oder Orden annehmen.

Der erste Satz besagt nur, daß die Gesetze ohne Ansehen der Person vollzogen werden müssen, verhindert aber noch nicht, daß sie für verschiedene Stände Verschiedenes bestimmen. Für Rechtsgleichheit in diesem Sinn sorgen erst Abs. 2 und 3. Die in Abs. 2 ausgesprochene Gleichberechtigung von Mann und Frau beschränkt sich auf die staatsbürgerliche Seite, erfaßt also z. B. nicht das Familienrecht, wo Sondersätze für Mann und Frau der Natur der Sache nach unvermeidlich sind. Zu Abs. 3 sei daran erinnert, daß auch schon die preußische Verfassung von 1850 in Art. 4 den Satz enthalten hatte: „Standesvorrechte finden nicht statt", ein Satz, der aber durch ein „Deklarationsgesetz" von 1854 in aller Form wieder eingeschränkt und dann tatsächlich nicht durchgeführt wurde. Die n. R.V. beseitigt die noch bestehenden Adelsvorrechte auch nicht selbst, sondern macht ihre Beseitigung den Landesgesetzgebungen zur Pflicht. Für Preußen ist nun ergangen das Gesetz über die Aufhebung der Standesvorrechte des Adels und die Auflösung der Hausvermögen vom 23. Juni 1920 (preuß. Ges.-S. S. 367), das in der Tat eine weitgehende Erfüllung der Forderungen der R.V. bringt.

Abs. 4 bekundet den löblichen Vorsatz, unserer Titelsucht ein Ende zu bereiten. Fragen wir aber nach dem Ergebnis der Durchführung dieser Bestimmungen, so haben wir festzustellen, daß nicht nur die bestehenden Titel nicht abgeschafft, sondern eine ganze Reihe neuer eingeführt wurde — als „Amtsbezeichnung" nämlich.[1]) Ein Teil dieser Neuschöpfungen ist so, daß wir uns mit ihnen geradezu dem Fluch der Lächerlichkeit aussetzen, und außerdem hat dieses Verfahren von oben herab ein recht böses Beispiel dafür gegeben, wie man gesetzliche Bestimmungen umgeht. Alle diese neugeschaffenen oder neuverliehenen Titel, die in Wirklichkeit nicht Amtsbezeichnungen sind, sind verfassungswidrig, und es ist mindestens niemand verpflichtet, sie zu führen und andern gegenüber anzuwenden. Am sichersten gilt dies bezüglich des Prädikats Exzellenz, das nach der neuen Verfassung niemandem im Deutschen Reich, weder einem Minister noch auch dem Reichspräsidenten beigelegt werden darf. (Dagegen dürfen solche Titel, soweit sie unter der alten Ordnung verliehen wurden, außeramtlich noch gebraucht werden, da die R. V. es unterließ, ihrem Titelverbot rückwirkende Kraft zu geben.)

Art. 110. [Reichs- und Landesangehörigkeit.] **Die Staatsangehörigkeit im Reiche und in den Ländern wird nach den Bestimmungen eines Reichsgesetzes erworben und verloren. Jeder Angehörige eines Landes ist zugleich Reichsangehöriger.**

Jeder Deutsche hat in jedem Lande des Reichs die gleichen Rechte und Pflichten wie die Angehörigen des Landes selbst.

Gemäß Abs. 1 bleibt weiter in Geltung das Reichs- und Staatsangehörigkeitsgesetz vom 22. Juli 1913 (RGBl. 1913, S. 583).

Die wichtigste Neuerung nach Abs. 2 ist, daß das Landtagswahl-

1) In den neuen Beamtendiensteinkommensgesetzen kann man in dieser Beziehung allerlei Entdeckungen machen. Das preußische vom 7. Mai 1920 z. B. weist eine ganze Reihe bisher nicht gekannter Titel auf, namentlich für die mittleren Beamten. Vor allem sind sie durch Einfügung eines „Ober" vielfach verschönt worden, so daß also die Sekretäre zu Obersekretären, die Polizeikommissare zu Polizeioberkommissaren usw. wurden. Es ergaben sich so Polizeiobersekretäre und Polizeikassenobersekretäre („bisher Polizeisekretäre und Buchhalter" fügt das Gesetz sehr naiv selbst hinzu), auch Ministerialkanzleiobersekretäre, Hafenpolizeiobersekretäre usw. Ein bisheriger Waffenmeister beim Zeughaus hat künftig den Titel Restaurator (womit ja auch den berechtigten Verdeutschungsbestrebungen sehr gut gedient ist!). Der schöne Titel Oberlehrer, der von diesem Stand zu Ehren gebracht worden war, mußte bekanntlich allgemein dem Titel Studienrat weichen (dazu Studienassessor und Studienreferendar — wir merken schon gar nicht mehr, wie wir uns mit solchen Erfindungen nach außen lächerlich machen!).

Die Abkehr von solchen Dingen muß von den Standesvereinigungen ausgehen. Vorbildlich die von einigen derselben gefaßten Entschlüsse, von diesen „Amtsbezeichnungen" mindestens außeramtlich keinen Gebrauch zu machen, sondern sich gegenseitig stets als Herr A und Herr B anzureden.

recht nicht von der Landesangehörigkeit abhängig gemacht werden darf. Im übrigen bedeutet die Bestimmung ebenso wie die Indigenatsbestimmung der a. R. V. (Art. 3) nicht, daß jeder Deutsche in jedem Land die gleichen Rechte hat, sondern nur, daß er in einem Land nicht schlechter gestellt werden darf als dessen Staatsangehörige. Soweit für Entfaltung von Eigenart in der Ausgestaltung der staatsbürgerlichen Rechte durch die Landesgesetzgebungen überhaupt noch Raum ist, nehmen an ihr nicht nur die Landesangehörigen, sondern auch andere Reichsdeutsche teil.

Art. 111. [Freizügigkeit im Reich.] **Alle Deutschen genießen Freizügigkeit im ganzen Reiche. Jeder hat das Recht, sich an beliebigem Orte des Reichs aufzuhalten und niederzulassen, Grundstücke zu erwerben und jeden Nahrungszweig zu betreiben. Einschränkungen bedürfen eines Reichsgesetzes.**

Art. 112. [Auswanderungsfreiheit; Schutz der Deutschen im Ausland; Nichtauslieferung von Deutschen.] **Jeder Deutsche ist berechtigt, nach außerdeutschen Ländern auszuwandern. Die Auswanderung kann nur durch Reichsgesetz beschränkt werden.**

Dem Ausland gegenüber haben alle Reichsangehörigen inner- und außerhalb des Reichsgebiets Anspruch auf den Schutz des Reichs.

Kein Deutscher darf einer ausländischen Regierung zur Verfolgung oder Bestrafung überliefert werden.

Freizügigkeit und Auswanderungsrecht sind hier zwar grundsätzlich gewährleistet, aber von den Ausnahmevorbehalten ist reichlich Gebrauch gemacht; für die Freizügigkeit durch Maßnahmen wegen der Wohnungsnot (Grundlage jetzt das Ges. über Maßnahmen gegen Wohnungsmangel vom 11. Mai 1920, RGBl. 1920, S. 949, kraft dessen die Gemeinden die Niederlassung von einer Zuzugserlaubnis abhängig machen können); die Auswanderung ist namentlich beschränkt durch das Steuerfluchtgesetz vom 26. Juli 1918.

Art. 113. [Schutz fremdsprachiger Volksteile.] **Die fremdsprachigen Volksteile des Reichs dürfen durch die Gesetzgebung und Verwaltung nicht in ihrer freien, volkstümlichen Entwicklung, besonders nicht im Gebrauch ihrer Muttersprache beim Unterricht, sowie bei der inneren Verwaltung und der Rechtspflege beeinträchtigt werden.**

In Ausführung dieser Bestimmung sieht die neue preußische Verfassung vom 30. Nov. 1920 in Art. 73 vor, daß für fremdsprachige Volksteile durch Provinzialgesetze eine andere Unterrichts- und eine andere Amtssprache zugelassen werden kann.

Art. 114. [Freiheit der Person.] **Die Freiheit der Person ist unverletzlich. Eine Beeinträchtigung oder Entziehung der persönlichen**

Freiheit durch die öffentliche Gewalt ist nur auf Grund von Gesetzen zulässig.

Personen, denen die Freiheit entzogen wird, sind spätestens am darauffolgenden Tage in Kenntnis zu setzen, von welcher Behörde und aus welchen Gründen die Entziehung der Freiheit angeordnet worden ist; unverzüglich soll ihnen Gelegenheit gegeben werden, Einwendungen gegen ihre Freiheitsentziehung vorzubringen.

Gemeint ist hier die Freiheit im engeren Sinne, d. h. die körperliche Bewegungsfreiheit, deren man durch Inhaftnahme beraubt wird. Solcher Entzug der Freiheit darf also nur auf Grund eines Gesetzes erfolgen, wie sie die Strafprozeßordnung und Polizeigesetze (z. B. das preußische Gesetz über den Schutz der persönlichen Freiheit vom 12. Febr. 1850) darstellen.

Durch Abs. 2 wird ein Recht erweitert und verfassungsmäßig festgelegt, das im Fall vorläufiger Festnahme schon die Strafprozeßordnung (§ 128) gewährte.

Art. 115. [Hausfrieden.] **Die Wohnung jedes Deutschen ist für ihn eine Freistätte und unverletzlich. Ausnahmen sind nur auf Grund von Gesetzen zulässig.**

Einschränkungen des Rechts der freien Wohnung, das nur dem Deutschen gewährleistet ist, erfolgen nicht nur aus polizeilichen Gründen (vgl. die Vorschriften der Strafprozeßordnung über die Haussuchung), sondern auch durch Zwangseinquartierung, für welche das zu Art. 111 erwähnte Gesetz die Grundlage bildet.

Art. 116. [Keine Strafe ohne vorhergehende Strafandrohung.] **Eine Handlung kann nur dann mit einer Strafe belegt werden, wenn die Strafbarkeit gesetzlich bestimmt war, bevor die Handlung begangen wurde.**

Damit wird nur ein schon im Strafgesetzbuch (§ 2) enthaltener Satz verfassungsmäßig festgelegt.

Art. 117. [Brief- und Postgeheimnis.] **Das Briefgeheimnis sowie das Post-, Telegraphen- und Fernsprechgeheimnis sind unverletzlich. Ausnahmen können nur durch Reichsgesetz zugelassen werden.**

Das Briefgeheimnis gilt nicht nur gegenüber der Post (und ist insofern schon im Postgeheimnis enthalten), sondern auch jedem Mitbürger gegenüber; § 299 des StGB. stellt die unbefugte Eröffnung eines Briefes unter Strafe (Antrag nötig). Ausnahmen von Post- usw. Geheimnis sind nicht nur wieder in der StPO. enthalten, sondern auch aus steuerlichen Gründen möglich. Allerdings hat die Reichs-Abg.-O. vom 13. Dez. 1919 in § 191 das Post-,

Telegraphen- und Fernsprechgeheimnis den Finanzbehörden gegenüber grundsätzlich aufrechterhalten, der Briefverkehr mit dem Ausland darf aber auf Grund von Vorschriften gegen die Kapitalflucht (Verordnung vom 15. Nov. 1918, RGBl. 1918, S. 1324) überwacht werden.

Art. 118. [Preß- und Zensurfreiheit.] **Jeder Deutsche hat das Recht, innerhalb der Schranken der allgemeinen Gesetze seine Meinung durch Wort, Schrift, Druck, Bild oder in sonstiger Weise frei zu äußern. An diesem Rechte darf ihn kein Arbeits- oder Anstellungsverhältnis hindern, und niemand darf ihn benachteiligen, wenn er von diesem Rechte Gebrauch macht.**

Eine Zensur findet nicht statt, doch können für Lichtspiele durch Gesetz abweichende Bestimmungen getroffen werden. Auch sind zur Bekämpfung der Schund- und Schmutzliteratur sowie zum Schutze der Jugend bei öffentlichen Schaustellungen und Darbietungen gesetzliche Maßnahmen zulässig.

Was ist durch diese Bestimmung gegenüber bisher gewonnen? Berücksichtigen wir die starken Einschränkungen, die der Abs. 2 bringt, und den wichtigen Vorbehalt „innerhalb der Schranken der allgemeinen Gesetze“ in Abs. 1, so werden wir finden, daß es nicht allzu viel ist. Aufrechterhalten bleiben jedenfalls nicht nur die strafrechtlichen Normen über Beleidigung usw., sondern im wesentlichen auch das Preßgesetz von 1874, aber auch die allgemeinen polizeilichen Befugnisse, auf Grund deren es z. B. nicht geduldet zu werden braucht, wenn jemand auf verkehrsreicher Straße Reden hält, die eine verkehrsstörende Ansammlung von Menschen zur Folge haben.

Aus Abs. 2 ergibt sich, daß eine Zensur gegenüber der Presse wie gegenüber dem Theater (wenigstens für Vorstellungen für Erwachsene) nicht mehr zulässig ist, es sei denn im Ausnahmezustand. Für Lichtspiele ist inzwischen das Reichslichtspielgesetz vom 12. Mai 1920 (RGBl. 1920, S. 953) ergangen.

Zweiter Abschnitt: Das Gemeinschaftsleben.

Art. 119. [Die Ehe.] **Die Ehe steht als Grundlage des Familienlebens und der Erhaltung und Vermehrung der Nation unter dem besonderen Schutz der Verfassung. Diese beruht auf der Gleichberechtigung der beiden Geschlechter.**

Die Reinerhaltung, Gesundung und soziale Förderung der Familie ist Aufgabe des Staats und der Gemeinden. Kinderreiche Familien haben Anspruch auf ausgleichende Fürsorge.

Die Mutterschaft hat Anspruch auf den Schutz und die Fürsorge des Staats.

Art. 120. [Erziehungsrecht und -pflicht der Eltern.] **Die Erziehung des Nachwuchses zur leiblichen, seelischen und gesellschaftlichen Tüchtigkeit ist oberste Pflicht und natürliches Recht der Eltern, über deren Betätigung die staatliche Gemeinschaft wacht.**

Art. 121. [Fürsorge für die unehelichen Kinder.] **Den unehelichen Kindern sind durch die Gesetzgebung die gleichen Bedingungen für ihre leibliche, seelische und gesellschaftliche Entwicklung zu schaffen wie den ehelichen Kindern.**

Mit Art. 119 beginnen die Bestimmungen, die zum Teil mehr schöne Worte und gute Vorsätze, als Rechtsvorschriften darstellen. Art. 120 bedeutet Ablehnung einer extremen staatssozialistischen Auffassung, welche die Kindererziehung mehr oder weniger zur Staatssache machen wollte.

Mit der Hochhaltung der Ehe ist Aufhebung jedes Unterschieds zwischen ehelicher und unehelicher Abstammung unmöglich zu vereinbaren. Art. 121 verlangt zwar nicht, wie von einigen Seiten beantragt war, völlige, aber doch recht weitgehende Gleichstellung der unehelichen mit den ehelichen Kindern. übrigens kann nicht verkannt werden, daß für die unehelichen Kinder im geltenden Recht (vgl. namentlich BGB. §§ 1705—1718) ungenügend gesorgt ist.

Art. 122. [Schutz der Jugend.] **Die Jugend ist gegen Ausbeutung sowie gegen sittliche, geistige oder körperliche Verwahrlosung zu schützen. Staat und Gemeinde haben die erforderlichen Einrichtungen zu treffen.**

Fürsorgemaßregeln im Wege des Zwanges können nur auf Grund des Gesetzes angeordnet werden.

Die hier umschriebenen Zwecke verfolgte bisher schon vor allem das sog. Kinderschutzgesetz vom 30. März 1903, das für die gewerbliche Beschäftigung von volksschulpflichtigen Kindern gilt. Die Bestimmungen über die Fürsorgeerziehung finden sich teils im BGB., teils in besonderen Landesgesetzen. Seit der Umwälzung ist die Jugendfürsorgebewegung in neuen Aufschwung gekommen. Einen Fortschritt stellt namentlich die Zusammenfassung aller mit ihr befaßten Stellen in Jugendämter dar.

Art. 123. [Versammlungsfreiheit.] **Alle Deutschen haben das Recht, sich ohne Anmeldung oder besondere Erlaubnis friedlich und unbewaffnet zu versammeln.**

Versammlungen unter freiem Himmel können durch Reichsgesetz anmeldepflichtig gemacht und bei unmittelbarer Gefahr für die öffentliche Sicherheit verboten werden.

Art. 124. [Vereinsfreiheit.] **Alle Deutschen haben das Recht, zu Zwecken, die den Strafgesetzen nicht zuwiderlaufen, Vereine oder Gesellschaften zu bilden. Dies Recht kann nicht durch Vorbeugungsmaßregeln beschränkt werden. Für religiöse Vereine und Gesellschaften gelten dieselben Bestimmungen.**

Der Erwerb der Rechtsfähigkeit steht jedem Verein gemäß der Vorschriften des bürgerlichen Rechts frei. Er darf einem Vereine nicht aus dem Grunde versagt werden, daß er einen politischen, sozialpolitischen oder religiösen Zweck verfolgt.

Das Vereins- und Versammlungsrecht war immer eines der wichtigsten Kampfobjekte zwischen Obrigkeitsstaat und demokratischen Bestrebungen gewesen. Die Materie war bei uns durch das Vereinsgesetz vom 19. April 1908 aus der Vielgestaltigkeit und vielfach unklaren Regelung der Landesrechte herausgehoben und von Reichs wegen im ganzen recht freiheitlich geregelt worden, wenn auch noch manche Beschränkungen blieben. Im Aufruf des Rats der Volksbeauftragten vom 12. Nov. 1918 waren dann aber alle Schranken des Vereins- und Versammlungsrechts und damit im wesentlichen das Vereinsgesetz überhaupt aufgehoben worden (dieser Aufruf gehört zu denjenigen Verordnungen, welche gemäß § 1 des Übergangsgesetzes vom 4. März 1919 — vgl. unten bei Art. 178 — in volle Gesetzeskraft übergegangen sind). Demnach bestand nun zunächst schrankenloses Vereins- und Versammlungsrecht, und was die R.V. demgegenüber nun teils selbst bringt, teils vorsieht, sind neue Einschränkungen. Sie bestehen, was Versammlungen betrifft, darin, daß solche unter freiem Himmel anmeldepflichtig (nicht wie nach dem Vereinsgesetz genehmigungspflichtig) gemacht und daß sie bei unmittelbarer Gefahr für die öffentliche Sicherheit verboten werden können. Letzteres ist jetzt schon unmittelbar geltendes Recht, während zu ersterem (nur zu ersterem, so wird der an sich zweifelhafte Wortlaut von Art. 123 Abs. 2 überwiegend ausgelegt) ein neues Reichsgesetz nötig wäre, das noch nicht ergangen ist (vgl. nur das oben bei Art. 28 erwähnte Gesetz über die Befriedung der Gebäude des Reichstags und der Landtage). Dauernd weggefallen und anders als durch Verfassungsänderung nicht wieder einführbar sind sonstige Anmeldepflichten bezüglich der Versammlungen, das bisherige Überwachungs- und Auflösungsrecht der Polizei gegenüber Versammlungen in geschlossenen Räumen, das Verbot der Teilnahme Jugendlicher an politischen Versammlungen. Auch hier ist aber die Möglichkeit der Suspension gemäß Art. 48 zu beachten.

Weniger bedeutsam sind die Neuerungen für Vereine. Was Art. 124 anordnet, war im ganzen bisher schon rechtens. Weggefallen ist vor allem die Möglichkeit, den Erwerb der Rechtsfähigkeit durch einen politischen Verein zu verhindern, die § 61 BGB. in der Form eines Einspruchsrechts der Verwaltung gegeben hatte.

Art. 124, Abs. 1, S. 3 macht auch die bis 1917 in Geltung gewesenen staatlichen Gesetze gegen den Jesuitenorden und andere religiöse Gesellschaften für künftig unmöglich.

Art. 125. [Wahlfreiheit.] **Wahlfreiheit und Wahlgeheimnis sind gewährleistet. Das Nähere bestimmen die Wahlgesetze.**

Die wichtigsten Sicherungen der Wahlfreiheit finden sich nach wie vor im StGB., wo in den §§ 107—109 die Wahlverhinderung, Wahlfälschung und der Stimmkauf unter Strafe gestellt werden.

Art. 126. [Bitt- und Beschwerderecht.] **Jeder Deutsche hat das Recht, sich schriftlich mit Bitten oder Beschwerden an die zuständige Behörde oder an die Volksvertretung zu wenden. Dieses Recht kann sowohl von einzelnen als auch von mehreren gemeinsam ausgeübt werden.**

Ein Recht der Beschwerde ausdrücklich festzulegen, war in den früheren Verfassungen deshalb nicht ohne Sinn, weil in den Zeiten des absoluten Polizeistaats in der Tat manchmal das Einlegen von Beschwerden an sich schon bestraft werden konnte. In Erinnerung sind auch jedem früheren Soldaten die Schranken und Klippen des Beschwerderechts im Militärverhältnis: mit Rücksicht auf eine der dortigen Vorschriften ist die gemeinsame Beschwerde im Zivilleben jetzt ausdrücklich für zulässig erklärt.

Art. 127. [Gemeindliche Selbstverwaltung.] **Gemeinden und Gemeindeverbände haben das Recht der Selbstverwaltung innerhalb der Schranken der Gesetze.**

Art. 128. [Zugang zu den öffentlichen Ämtern.] **Alle Staatsbürger ohne Unterschied sind nach Maßgabe der Gesetze und entsprechend ihrer Befähigung und ihren Leistungen zu den öffentlichen Ämtern zuzulassen.**

Alle Ausnahmebestimmungen gegen weibliche Beamte werden beseitigt.

Die Grundlagen des Beamtenverhältnisses sind durch Reichsgesetz zu regeln.

Art. 129. [Rechtsstellung der Beamten.] **Die Anstellung der Beamten erfolgt auf Lebenszeit, soweit nicht durch Gesetz etwas anderes bestimmt ist. Ruhegehalt und Hinterbliebenenversorgung werden gesetzlich geregelt. Die wohlerworbenen Rechte der Beamten sind unverletzlich. Für die vermögensrechtlichen Ansprüche der Beamten steht der Rechtsweg offen.**

Die Beamten können nur unter den gesetzlich bestimmten Voraussetzungen und Formen vorläufig ihres Amtes enthoben, einstweilen oder endgültig in den Ruhestand oder in ein anderes Amt mit geringerem Gehalt versetzt werden.

Gegen jedes dienstliche Straferkenntnis muß ein Beschwerdeweg und die Möglichkeit eines Wiederaufnahmeverfahrens eröffnet sein. In die Nachweise über die Person des Beamten sind Eintragungen von ihm ungünstigen Tatsachen erst vorzunehmen, wenn dem Beamten Gelegenheit gegeben war, sich über sie zu äußern. Dem Beamten ist Einsicht in seine Personalnachweise zu gewähren.

Die Unverletzlichkeit der wohlerworbenen Rechte und die Offenhaltung des Rechtswegs für die vermögensrechtlichen Ansprüche werden besonders auch den Berufssoldaten gewährleistet. Im übrigen wird ihre Stellung durch Reichsgesetz geregelt.

Art. 130. [Staatsbürgerliche Rechte der Beamten.] **Die Beamten sind Diener der Gesamtheit, nicht einer Partei.**

Allen Beamten wird die Freiheit ihrer politischen Gesinnung und die Vereinigungsfreiheit gewährleistet.

Die Beamten erhalten nach näherer reichsgesetzlicher Bestimmung besondere Beamtenvertretungen.

Art. 131. [Haftung des Staats und der Gemeinde für Beamtenverschulden.] **Verletzt ein Beamter in Ausübung der ihm anvertrauten öffentlichen Gewalt die ihm einem Dritten gegenüber obliegende Amtspflicht, so trifft die Verantwortlichkeit grundsätzlich den Staat oder die Körperschaft, in deren Dienste der Beamte steht. Der Rückgriff gegen den Beamten bleibt vorbehalten. Der ordentliche Rechtsweg darf nicht ausgeschlossen werden.**

Die nähere Regelung liegt der zuständigen Gesetzgebung ob.

Diese Bestimmungen waren großenteils in den bisherigen Einzelstaatsverfassungen auch schon enthalten. Es hatte z. B. schon die preußische Verfassung in Art. 4 den Satz enthalten: „Die öffentlichen Ämter sind unter Einhaltung der von den Gesetzen festgestellten Bedingungen für alle dazu Befähigten gleich zugänglich.“ Stellt man demgegenüber die tatsächliche Praxis in der Besetzung der wichtigsten höheren Ämter in Preußen und zum Teil auch im Reich (vgl. dort namentlich das Auswärtige Amt), so kann man unmöglich anders sagen, als daß dem Geist dieser Bestimmungen ständig und schwer zuwider gehandelt worden ist. Aber die neuen Republiken mit ihrer Neigung zur Parteiwirtschaft haben auch noch nicht den Beweis erbracht, daß die Ämter in ihnen wirklich nur nach Fähigkeit und Leistung besetzt werden, und wo die Gefahr jetzt liegt, das zeigt deutlich genug der vielbesagende Art. 130 Abs. 1.

Art. 128 erfordert Regelung der Grundlagen des Beamtenverhältnisses — auch für Landes- und Gemeindebeamte — durch das Reich, und Art. 129 bringt dann gleich eine Reihe solcher Sätze. Interessant ist dabei, daß der aus unserer Gesetzgebung seit langem verschwundene, an das Naturrecht gemahnende Ausdruck „wohlerworbene Rechte" wieder auftaucht, die unverletzlich sind. Die sehr weitgehende Wirkung dieses Satzes ist die, daß einmal zugestandene Rechte, namentlich auch solche finanzieller Art, auch durch die Gesetzgebung nicht wieder entzogen werden können, daß dazu vielmehr Verfassungsänderung nötig wäre.[1])

Was Art. 131 vorsieht, legt im wesentlichen nur den Rechtszustand fest, der sich durch die Beamtenhaftpflichtgesetze sowohl des Reichs (Ges. vom 22. Mai 1910) als der meisten Bundesstaaten ergeben hatte.

Art. 132. [Pflicht zur Übernahme von Ehrenämtern.] **Jeder Deutsche hat nach Maßgabe der Gesetze die Pflicht zur Übernahme ehrenamtlicher Tätigkeiten.**

Art. 133. [Persönliche Dienstpflichten.] **Alle Staatsbürger sind verpflichtet, nach Maßgabe der Gesetze persönliche Dienste für den Staat und die Gemeinde zu leisten.**

Die Wehrpflicht richtet sich nach den Bestimmungen des Reichswehrgesetzes. Dieses bestimmt auch, wieweit für Angehörige der Wehrmacht zur Erfüllung ihrer Aufgaben und zur Erhaltung der Mannszucht einzelne Grundrechte einzuschränken sind.

Art. 134. [Steuerpflicht.] **Alle Staatsbürger ohne Unterschied tragen im Verhältnis ihrer Mittel zu allen öffentlichen Lasten nach Maßgabe der Gesetze bei.**

Rechtliche Bedeutung erhalten diese Bestimmungen sämtlich erst durch die Einzelgesetze, denen sie als Richtlinien dienen. Aus Art. 134 geht hervor, daß gänzliche Befreiung von öffentlichen Abgaben, wie sie bisher dem Landesherrn zustand, niemandem mehr gewährt werden darf.

---

1) Daher mußte z. B. das sog. Sperrgesetz (Ges. zur Sicherung der einheitlichen Regelung der Beamtenbesoldung vom 21. Dez. 1920, RGBl. 1920, S. 2117), durch das verhindert werden sollte, daß Landes- und Gemeindebeamte besser bezahlt werden als Reichsbeamte, auf jede Rückwirkung gegenüber schon gewährten Gehaltsverbesserungen verzichten. — Im einzelnen ist die Tragweite des Ausdrucks wohlerworbene Rechte noch nicht klargestellt; ich darf hier verweisen auf meine Untersuchungen darüber in dem 1914 erschienenen Buch: Die subjektiven öffentlichen Rechte, insbesondere S. 232ff.

Dritter Abschnitt: Religion und Religionsgesellschaften.

Von dem, was dieser Abschnitt bringt, ist neu nicht sowohl was über die Religionsübung, als was über die Beziehungen des Staats zu den Religionsgesellschaften gesagt ist. Das letztere bedeutet hier soviel wie Kirchen und ist statt dieses Ausdrucks gewählt, um religiöse Gemeinschaften, die sich nicht Kirchen nennen, wie israelitische, freireligiöse usw. zu umfassen. Dagegen sind hier damit nicht gemeint — was man ebensogut darunter verstehen könnte — religiöse Vereinigungen innerhalb einer Kirche, wie Orden und Kongregationen; deren Recht ist vielmehr in Art. 124 geregelt, und es muß natürlich verwirrend wirken, wenn dort mit Beziehung auf sie auch von religiösen Gesellschaften gesprochen wird.

Die wichtigste Veränderung, welche die Revolution für das Verhältnis von Staat und Kirche gebracht hatte, bestand darin, daß sie mit dem Landesherrn die Träger des landesherrlichen Kirchenregiments beseitigte. Denn auf der Personalunion zwischen Staat und evangelischen Kirchen hatte bisher der Charakter der evangelischen Landeskirchen beruht. Die Neuordnung dieses Verhältnisses und ebenso des Staats zur katholischen Kirche geschah im ganzen unter dem Gesichtspunkt des Schlagwortes „Trennung von Staat und Kirche". Diese von den Linksparteien seit langem vertretene Forderung erwies sich aber bei genauer Prüfung als keineswegs eindeutig; sie ließ sich radikal und weniger radikal, in einer den Kirchen feindlichen und weniger feindlichen Weise durchführen. Die Ordnung der Dinge, welche die n. R. V. nun zwar nicht unmittelbar gebracht, aber doch programmatisch festgelegt hat, kann man als abgeschwächte und jedenfalls nicht feindselige Trennung von Staat und Kirche bezeichnen. Abgeschwächt und unvollständig ist sie insofern, als der Staat den Kirchen auch für künftig die Eigenschaft öffentlicher Körperschaften zuerkennt und das Besteuerungsrecht verleiht. Die vermögensrechtliche Regelung ist auch sonst (vgl. Art. 138) in einer nicht unfreundlichen Weise vorgesehen. Immerhin ist die vom Zentrum und den Rechtsparteien bis dahin stets und sehr entschieden bekämpfte Trennung von Staat und Kirche weitgehend festgelegt und die abschwächenden Bestimmungen sind nur im Wege des Kompromisses hereingebracht worden; den Charakter eines solchen tragen denn auch die meisten Bestimmungen dieses Abschnitts, wie auch die des folgenden mit ihm eng zusammenhängenden über Bildung und Schule sehr deutlich.

Literatur: Als klärend über die schwierigen Grundbegriffe zum Thema Staat und Kirche seien empfohlen: Otto Mayer, Die Trennung von Kirche und Staat, 1919; Berner, Das Kirchenregiment in der altpreußischen Landeskirche, 2. Aufl., 1919 (von evang. Seite). Sägmüller, Der rechtliche Begriff der Trennung von Kirche und Staat, 2. Aufl., 1919; Mausbach, Kulturfragen in der deutschen Verfassung, 1920 (von kathol. Seite). Ferner das Sammelwerk Revolution und Kirche, herausgegeben von Thimme und Rolffs, 1919 (mit Beiträgen aus beiden Lagern) sowie Schön, Der Staat und die Religionsgesellschaften in der Gegenwart, Verw.-Arch. 29, S. 1—30.

Art. 135. [Gewissensfreiheit, Religionsübung.] **Alle Bewohner des Reichs genießen volle Glaubens- und Gewissensfreiheit. Die ungestörte Religionsübung wird durch die Verfassung gewährleistet und steht**

er staatlichem Schutz. Die allgemeinen Staatsgesetze bleiben hiervon erührt.

Art. 136. [Staat und Religionsfreiheit.] **Die bürgerlichen und tsbürgerlichen Rechte und Pflichten werden durch die Ausübung der igionsfreiheit weder bedingt noch beschränkt.**

Der Genuß bürgerlicher und staatsbürgerlicher Rechte sowie die Zulassung zu öffentlichen Ämtern sind unabhängig von dem religiösen Bekenntnis.

Niemand ist verpflichtet, seine religiöse Überzeugung zu offenbaren. Die Behörden haben nur soweit das Recht, nach der Zugehörigkeit zu einer Religionsgesellschaft zu fragen, als davon Rechte und Pflichten abhängen oder eine gesetzlich angeordnete statistische Erhebung dies erfordert.

Niemand darf zu einer kirchlichen Handlung oder Feierlichkeit oder zur Teilnahme an religiösen Übungen oder zur Benutzung einer religiösen Eidesform gezwungen werden.

Ohne daß die Sätze über Gewissens- und Kulturfreiheit Neues darstellen, wird mit ihnen doch die Religionssphäre von der staatlichen etwas stärker geschieden als bisher; der Staat soll sich, das geht aus Art. 136 Abs. 3 und 4 hervor, um das Religionsleben des einzelnen möglichst wenig kümmern, namentlich niemals, auch nicht in der Schule, seine Gewalt zur Erzwingung von irgendwelchen religiösen Veranstaltungen leihen. Auf Grund des Vorbehalts in Art. 135, daß Glaubens- und Kulturfreiheit nur gewährt wird unbeschadet der allgemeinen Staatsgesetze, sind z. B. polizeiliche Vorschriften über Prozessionen auf öffentlichen Straßen nach wie vor möglich.

Art. 137. [Rechtsstellung der Religionsgesellschaften.] **Es besteht keine Staatskirche.**

Die Freiheit der Vereinigung zu Religionsgesellschaften wird gewährleistet. Der Zusammenschluß von Religionsgesellschaften innerhalb des Reichsgebiets unterliegt keinen Beschränkungen.

Jede Religionsgesellschaft ordnet und verwaltet ihre Angelegenheiten selbständig innerhalb der Schranken des für alle geltenden Gesetzes. Sie verleiht ihre Ämter ohne Mitwirkung des Staates oder der bürgerlichen Gemeinde.

Religionsgesellschaften erwerben die Rechtsfähigkeit nach den allgemeinen Vorschriften des bürgerlichen Rechts.

Die Religionsgesellschaften bleiben Körperschaften des öffentlichen Rechtes, soweit sie solche bisher waren. Anderen Religionsgesellschaften sind auf ihren Antrag gleiche Rechte zu gewähren, wenn sie durch ihre Verfassung und die Zahl ihrer Mitglieder die Gewähr der Dauer bieten. Schließen sich mehrere derartige öffentlich-rechtliche Religions-

gesellschaften zu einem Verbande zusammen, so ist auch dieser Verband eine öffentlich-rechtliche Körperschaft.

Die Religionsgesellschaften, welche Körperschaften des öffentlichen Rechtes sind, sind berechtigt, auf Grund der bürgerlichen Steuerlisten nach Maßgabe der landesrechtlichen Bestimmungen Steuern zu erheben.

Den Religionsgesellschaften werden die Vereinigungen gleichgestellt, die sich die gemeinschaftliche Pflege einer Weltanschauung zur Aufgabe machen.

Soweit die Durchführung dieser Bestimmungen eine weitere Regelung erfordert, liegt diese der Landesgesetzgebung ob.

Der Inhalt dieses wichtigsten Kirchenartikels läßt sich auf folgende Grundgedanken bringen: 1. eine so enge Verbindung zwischen Staat und Kirche, wie sie bisher bei den evangelischen Landeskirchen bestand, bei denen man ja von einer Staatskirche sprechen konnte, ist künftig nicht mehr möglich. Mit Beziehung auf sie vor allem kann man das, was jetzt durchgeführt werden soll, als eine Trennung von Staat und Kirche bezeichnen. 2. Die bisher anerkannten Kirchen werden dabei aber doch nicht auf die Stufe von Privatvereinen herabgedrückt, sondern sie behalten die Stellung öffentlicher Körperschaften mit Besteuerungsrecht, bei dessen Durchführung sie Hilfe von staatlicher Seite bekommen. 3. Alle anderen kleinen Religionsgesellschaften, Sekten und Weltanschauungsgruppen aller Art, dürfen sich unbeschränkt bilden, werden zunächst als bürgerliche Vereine und Gesellschaften behandelt und können als solche durch Eintragung ins Vereinsregister Rechtsfähigkeit erwerben — bis sie etwa gemäß Abs. 5 Satz 2 als öffentliche Körperschaften anerkannt werden. 4. Mit der Loslösung vom Staat steigert sich von selbst die Eigenverwaltung der Kirchen, Schranken für sie sollen die „für alle geltenden Gesetze" sein. Diese Bestimmung scheint staatliche spezielle Gesetze über Kirchenangelegenheiten (wie sie z. B. die sog. Kulturkampfgesetze darstellten) für künftig unmöglich zu machen. Allein aus dem letzten Absatz geht hervor, daß seitens der Länder solche Staatskirchengesetze doch ergehen können, und da der Staat den Kirchen bis zu einem gewissen Grade seine öffentliche Gewalt verleiht, so wird dem auch eine gewisse Aufsicht darüber, wie die Kirchen von dieser öffentlichen Gewalt Gebrauch machen, entsprechen müssen. Auch der weitere Satz, daß die Kirchen ihre Ämter ohne Mitwirkung des Staates verleihen, hat in der Auslegung schon wieder zu Meinungsverschiedenheiten geführt, darüber nämlich, ob damit die bisherigen Einspruchsrechte der Staatsregierung bei den Wahlen der katholischen Bischöfe (durch die Bezeichnung gewisser Kandidaten als weniger genehm) vereinbar sind oder nicht. Während Mausbach (a. a. O. S. 66) die Zulässigkeit solcher Einspruchsrechte für künftig entschieden verneint, wollen Anschütz (Komm. S. 222) und andere sie bejahen, wobei sie geltend machen, daß die Betätigung eines solchen Einspruchsrechts keine Mitwirkung bei der Besetzung des Amtes darstelle. Wenn man aber bedenkt, daß Zweck des Einspruchs ist, den Kreis der Kandidaten mitzubestimmen, so erscheint es doch gekünstelt, dies nicht eine Mitwirkung bei der Besetzung der Stelle zu nennen. Indes werden diese Fragen nicht nach der Verfassung allein zu entscheiden sein, sondern wie bisher die Beziehungen zwischen den deutschen Regierungen und der römischen Kurie gerade in Beziehung auf die Bischofswahlen durch Verträge geregelt waren[1]), wird es auch künftig wieder geschehen, nur daß diese Vereinbarungen jetzt vielleicht von Reichs wegen getroffen werden. Ähnliche Vereinbarungen erscheinen auch zwischen dem Staat und den verselbständigten evangelischen Kirchen möglich. Sie müssen sich natürlich im Rahmen der von der R. V. aufgestellten Richtlinien halten.

Art. 138. [Vermögensrechte der Religionsgesellschaften.] **Die auf Gesetz, Vertrag oder besonderen Rechtstiteln beruhenden Staatsleistungen an die Religionsgesellschaften werden durch die Landesgesetzgebung abgelöst. Die Grundsätze hierfür stellt das Reich auf.**

---

1) Für das Recht der Bischofswahlen in Preußen war bis jetzt maßgebend die Bulle De salute animarum vom 16. Juli 1821 und das auf einer Vereinbarung zwischen der preußischen Regierung und dem Vatikan beruhende Interpretationsbreve Quod de fidelium vom gleichen Tag; hiernach hatten in den preußischen Diözesen die Domkapitel das Wahlrecht, aber sie waren gehalten, sich vor der Wahl zu vergewissern, daß der zu wählende keine dem König ungenehme Person darstellte. Für das ehemalige Hannover und die oberrheinische Kirchenprovinz galt, dort auf Grund der Bulle Impensa Romani pontificis vom 16. Mai 1824, hier auf Grund des Breves Re sacra vom 28. Mai 1827 ähnliches, nur war entsprechend dem sogenannten irischen Wahlmodus der Regierung eine förmliche Kandidatenliste einzureichen, von der die personae minus gratae gestrichen werden konnten. In Bayern ernannte gemäß dem Konkordat von 1817 der Landesherr die Bischöfe, der heilige Stuhl mußte aber die Einsetzung in ihre kirchliche Würde veranlassen, worin eine Art Bestätigungsrecht lag. — Vorläufig gelten diese Vereinbarungen weiter, und die aus ihnen sich ergebenden Rechte sind z. B. bei der Wahl des Erzbischofs von Köln im Jahre 1920 von der neuen preußischen Regierung wahrgenommen worden.

Das Eigentum und andere Rechte der Religionsgesellschaften und religiösen Vereine an ihren für Kultus-, Unterrichts- und Wohltätigkeitszwecke bestimmten Anstalten, Stiftungen und sonstigen Vermögen werden gewährleistet.

Zu der bisher bestandenen Verbindung zwischen Staat und Kirche hatte es gehört, daß der Staat, und zwar als Entschädigung für früher von ihm eingezogenes Kirchengut, dauernd Leistungen für die Bedürfnisse der Kirchen gewährt hatte. Vorläufig ist es gemäß Art. 173 dabei geblieben, aber es ist doch Ablösung dieser Staatsleistungen vorgesehen. Weder das Rahmengesetz des Reichs noch die ausführenden Landesgesetze hierüber sind bis jetzt ergangen, und es ist auch wohl rätlich, sie erst zu erlassen, wenn die solche Regelungen jetzt sehr erschwerende Unsicherheit des Geldwertes einigermaßen beständigeren Verhältnissen Platz gemacht hat. Für das jetzt schon bestehende und auf Grund dieser Ablösung neu sich bildende Kirchengut schafft Art. 138 Abs. 2 eine Gewähr, die eben mit Rücksicht auf frühere Säkularisationen nicht als überflüssig erschien.

Art. 139. [Sonntagsruhe.] **Der Sonntag und die staatlich anerkannten Feiertage bleiben als Tage der Arbeitsruhe und der seelischen Erhebung gesetzlich geschützt.**

Art. 140. [Religionsausübung der Heeresangehörigen.] **Den Angehörigen der Wehrmacht ist die nötige freie Zeit zur Erfüllung ihrer religiösen Pflichten zu gewähren.**

Art. 141. [Seelsorge im Heer und in öffentlichen Anstalten.] **Soweit das Bedürfnis nach Gottesdienst und Seelsorge im Heer, in Krankenhäusern, Strafanstalten oder sonstigen öffentlichen Anstalten besteht, sind die Religionsgesellschaften zur Vornahme religiöser Handlungen zuzulassen, wobei jeder Zwang fernzuhalten ist.**

Wenn hier von Reichsverfassungs wegen eine Pflicht zur Einrichtung einer staatlichen Seelsorge im Heer und in den Gefängnissen nicht anerkannt ist, so schließt dies selbstverständlich das Recht nicht aus, solche Einrichtungen zu treffen, wie dies auch tatsächlich entsprechend der früheren Übung wieder geschehen ist.

Vierter Abschnitt: Bildung und Schule.

Bemerkenswert ist in diesem Abschnitt zunächst, wie weitgehend die der Reichsgesetzgebung bisher völlig entrückte Materie hier überhaupt geregelt ist. Die Regelung geht auch erheblich weiter, als anfangs geplant war; im Laufe der Bearbeitung wurden immer mehr Fragen aufgerollt, die man anfangs nicht hatte klären wollen, und auf diese Weise sind dann namentlich auch über die Stellung der Religion in der Schule so eingehende Bestimmungen geschaffen worden.

Der oberste Gedanke, der den ganzen Abschnitt durchzieht, ist der Vorsatz, auf die Ausbildung der künftigen Generation so viel Sorgfalt und so viele Mittel zu verwenden, als in den schweren jetzigen Zeiten eben möglich ist, alles zu tun, um das ganze Schulwesen und namentlich auch den Lehrerstand zu heben.

Der zweite große Gedanke ist, das Schulwesen zu demokratisieren, die Einheitsschule für alle Stände, wenigstens auf der untersten Stufe durchzuführen, und Vorsorge zu treffen, daß der Besuch höherer Schulen in stärkerem Maße als bisher auch den Minderbemittelten offensteht. Weiter ist dann, wie schon angedeutet, die große Frage Schule und Religion wenigstens grundsätzlich gelöst worden, und zwar im Wege eines mühevollen Kompromisses so, daß die Gemeinschaftsschule mit Religionsunterricht als Lehrfach die Regel ist, daß aber entsprechend dem Wunsche der Eltern auch Schulen eines Bekenntnisses und andererseits rein weltliche Schulen ohne Religionsunterricht als Pflichtfach eingerichtet werden können. Endlich ist die Frage: Unterrichtsfreiheit oder mehr oder weniger staatliches Schulmonopol? zu entscheiden gewesen, und sie ist durch Art. 147 im Sinne einer doch recht weitgehenden Einschränkung der Lehrfreiheit entschieden worden.

Art. 142. [Freiheit der Kunst und Wissenschaft.] **Die Kunst, die Wissenschaft und ihre Lehre sind frei. Der Staat gewährt ihnen Schutz und nimmt an ihrer Pflege teil.**

Art. 143. [Jugendbildung.] **Für die Bildung der Jugend ist durch öffentliche Anstalten zu sorgen. Bei ihrer Einrichtung wirken Reich, Länder und Gemeinden zusammen.**

Die Lehrerbildung ist nach den Grundsätzen, die für die höhere Bildung allgemein gelten, für das Reich einheitlich zu regeln.

Die Lehrer an öffentlichen Schulen haben die Rechte und Pflichten der Staatsbeamten.

Art. 144. [Schulaufsicht.] **Das gesamte Schulwesen steht unter der Aufsicht des Staates; er kann die Gemeinden daran beteiligen. Die Schulaufsicht wird durch hauptamtlich tätige, fachmännisch vorgebildete Beamte ausgeübt.**

Von diesen programmatischen Sätzen, die zum Teil ihre Vorbilder in der R.V. von 1849 haben, ist von einer gewissen Bedeutung einmal Art. 143 Abs. 3, der dem Streit, ob die Lehrer Staatsbeamte sind, wenigstens praktisch ein Ende macht. Denn mit der Anordnung, daß die Lehrer die Rechte und Pflichten der Staatsbeamten haben, ist jener Streit zu einem rein akademischen geworden. Art. 144 bedeutet die endgültige Überwindung der kirchlichen Aufsicht über das Schulwesen, namentlich Ablehnung der geistlichen Schulaufsicht.

Art. 145. [Allgemeine Schulpflicht.] **Es besteht allgemeine Schulpflicht. Ihrer Erfüllung dient grundsätzlich die Volksschule mit mindestens acht Schuljahren und die anschließende Fortbildungsschule bis zum vollendeten achtzehnten Lebensjahre. Der Unterricht und die Lernmittel in den Volksschulen und Fortbildungsschulen sind unentgeltlich.**

Ausnahmen von der Pflicht, die Volksschule zu besuchen, bringt mit beschränkter Zulassung von Privatschulen Art. 147. Während der Volksschulunterricht bisher schon in den meisten Ländern frei war, ist die Lernmittelfreiheit überwiegend etwas Neues.

Art. 146. [Aufbau des öffentlichen Schulwesens.] **Das öffentliche Schulwesen ist organisch auszugestalten. Auf einer für alle gemeinsamen Grundschule baut sich das mittlere und höhere Schulwesen auf. Für diesen Aufbau ist die Mannigfaltigkeit der Lebensberufe, für die Aufnahme eines Kindes in eine bestimmte Schule sind seine Anlage und Neigung, nicht die wirtschaftliche und gesellschaftliche Stellung oder das Religionsbekenntnis seiner Eltern maßgebend.**

Innerhalb der Gemeinden sind indes auf Antrag von Erziehungsberechtigten Volksschulen ihres Bekenntnisses oder ihrer Weltanschauung einzurichten, soweit hierdurch ein geordneter Schulbetrieb, auch im Sinne des Abs. 1, nicht beeinträchtigt wird. Der Wille der Erziehungsberechtigten ist möglichst zu berücksichtigen. Das Nähere bestimmt die Landesgesetzgebung nach den Grundsätzen eines Reichsgesetzes.

Für den Zugang Minderbemittelter zu den mittleren und höheren Schulen sind durch Reich, Länder und Gemeinden öffentliche Mittel bereitzustellen, insbesondere Erziehungsbeihilfen für die Eltern von Kindern, die zur Ausbildung auf mittleren und höheren Schulen für geeignet erachtet werden, bis zur Beendigung der Ausbildung.

Dieser Artikel gilt der Frage der Demokratisierung der Schule ebenso wie dem Problem der Stellung der Schule zur Religion. Namentlich in den Worten „für alle gemeinsame Grundschule" sind die beiden Fragen in übrigens nicht glücklicher Weise verquickt. Die hier in Aussicht gestellte Reichsgrundschule ist durch das Reichsgesetz vom 28. April 1920 betreffend die Grundschule und Aufhebung der Vorschulen (RGBl. 1920, S. 851) für die vier untersten Jahrgänge mit Wirkung vom Frühjahr 1921 Wirklichkeit geworden. Die Pläne über eine gewisse Vereinheitlichung auch der Mittelschule sind noch in der Schwebe.

Diese Einheitsschule soll nun also — was recht mangelhaft zum Ausdruck gebracht ist — grundsätzlich Gemeinschafts- (Simultan-) schule sein. Unter welchen Bedingungen Bekenntnis- und andererseits religionslose Schulen eingerichtet werden können, darüber soll zunächst ein Reichsrahmengesetz ergehen. Bis dahin verbleibt es nach dem wichtigen Art. 174 bei der bestehenden Rechtslage, d. h. es darf in dieser Zwischenzeit der Religionsunterricht nicht abgeschafft werden. Landesgesetze in Sachsen, Hamburg und Bremen sind aus diesem Grunde, wie zu Art. 13 Abs. 2 schon erwähnt, vom Reichsgericht für ungültig erklärt worden.

Art. 147. [Privatschulen.] **Private Schulen als Ersatz für öffentliche Schulen bedürfen der Genehmigung des Staates und unterstehen den Landesgesetzen. Die Genehmigung ist zu erteilen, wenn die Privatschulen in ihren Lehrzielen und Einrichtungen sowie in der wissenschaftlichen Ausbildung ihrer Lehrkräfte nicht hinter den öffentlichen Schulen zurückstehen und eine Sonderung der Schüler nach den Besitzverhältnissen der Eltern nicht gefördert wird. Die Genehmigung ist zu versagen, wenn die wirtschaftliche und rechtliche Stellung der Lehrkräfte nicht genügend gesichert ist.**

Private Volksschulen sind nur zuzulassen, wenn für eine Minderheit von Erziehungsberechtigten, deren Wille nach Artikel 146 Abs. 2 zu berücksichtigen ist, eine öffentliche Volksschule ihres Bekenntnisses oder ihrer Weltanschauung in der Gemeinde nicht besteht oder die Unterrichtsverwaltung ein besonderes pädagogisches Interesse anerkennt.

Private Vorschulen sind aufzuheben.

Für private Schulen, die nicht als Ersatz für öffentliche Schulen dienen, verbleibt es bei dem geltenden Recht.

Die Verfassung ist, wie in der Vorbemerkung schon erwähnt, den Privatschulen, deren Zulassung aus dem Grundsatze der Unterrichtsfreiheit folgen würde, noch weniger günstig als das bisherige Recht, weniger auch als im allgemeinen das ausländische Recht. Immerhin gewährt Abs. 1 Satz 2 unter gewissen Voraussetzungen ein Recht auf Genehmigung wenigstens für andere als Volksschulen; für letztere stellt Abs. 2 besondere Bedingungen auf. Völlige Unterrichtsfreiheit bleibt nach dem letzten Absatz bestehen für Handelsschulen, Haushaltsschulen usw.

Art. 148. [Staatsbürgerliche Erziehung.] **In allen Schulen ist sittliche Bildung, staatsbürgerliche Gesinnung, persönliche und berufliche Tüchtigkeit im Geiste des deutschen Volkstums und der Völkerversöhnung zu erstreben.**

Beim Unterricht in öffentlichen Schulen ist Bedacht zu nehmen, daß die Empfindungen Andersdenkender nicht verletzt werden.

Staatsbürgerkunde und Arbeitsunterricht sind Lehrfächer der Schulen. Jeder Schüler erhält bei Beendigung der Schulpflicht einen Abdruck der Verfassung.

Das Volksbildungswesen, einschließlich der Volkshochschulen, soll von Reich, Ländern und Gemeinden gefördert werden.

Art. 149. [Religionsunterricht; theologische Fakultäten.] **Der Religionsunterricht ist ordentliches Lehrfach der Schulen mit Ausnahme der bekenntnisfreien (weltlichen) Schulen. Seine Erteilung wird im Rahmen der Schulgesetzgebung geregelt. Der Religionsunterricht wird in Übereinstimmung mit den Grundsätzen der betreffenden Religionsgesellschaft unbeschadet des Aufsichtsrechts des Staates erteilt.**

Die Erteilung religiösen Unterrichts und die Vornahme kirchlicher Verrichtungen bleibt der Willenserklärung der Lehrer, die Teilnahme an religiösen Unterrichtsfächern und an kirchlichen Feiern und Handlungen der Willenserklärung desjenigen überlassen, der über die religiöse Erziehung des Kindes zu bestimmen hat.

Die theologischen Fakultäten an den Hochschulen bleiben erhalten.

Art. 150. [Heimat- und Kunstschutz.] **Die Denkmäler der Kunst, der Geschichte und der Natur sowie die Landschaft genießen den Schutz und die Pflege des Staates.**

Es ist Sache des Reichs, die Abwanderung deutschen Kunstbesitzes in das Ausland zu verhüten.

Wenn Art. 148 für verstärkte staatsbürgerliche Erziehung Sorge trägt, welche die Vorbedingung für eine größere politische Reife unseres Volkes ist, so wird damit spät, sehr spät nachgeholt, was in vergangenen Zeiten mit so schweren Folgen unterlassen worden ist. Was in Art. 149 in Beziehung auf den Religionsunterricht angeordnet ist, entspricht im ganzen dem Geist des Kompromisses des Art. 146. Die Erhaltung der theologischen Fakultäten an unseren Universitäten läßt sich schon mit der geschichtlichen Tradition rechtfertigen; bildete doch die theologische Fakultät überall den Kern und das erste Ziel der alten Universitätsgründungen.

Die Gesetzgebung gegen Verunstaltung der Länder ist bis jetzt in erster Linie Landessache gewesen (vgl. das preußische Gesetz vom 15. Juli 1907 gegen die Verunstaltung von Ortschaften und landschaftlich hervorragender Gegenden, und die entsprechenden Gesetze anderer Staaten). Gemäß Art. 150 kann nunmehr auch das Reich hier eingreifen. Geschehen ist es u. a. mit einer Verordnung vom 8. Mai 1920, RGBl. 1920, S. 913, über den Schutz von Denkmälern und Kunstwerken, die sich im Besitz von Körperschaften des öffentlichen Rechts und Fideikommisgütern befinden und deren Veräußerung hier an die Genehmigung der Landeszentralbehörde gebunden wird.

Fünfter Abschnitt: Das Wirtschaftsleben.

Weder die Frankfurter Grundrechte noch die der deutschen Einzelstaatsverfassungen hatten ein größeres staatliches Wirtschaftsprogramm enthalten. Daß wir jetzt das Bedürfnis fühlten, ein solches in ausgedehntem Maße festzulegen, zeigt, wie sehr der moderne Staat vor allem ein Wirtschaftsorganismus geworden ist.

Die Bestimmungen über das Wirtschaftsleben bedingten natürlich in erster Linie eine Auseinandersetzung mit dem Sozialismus, von dem ja die staatliche Umwälzung ausgegangen war. Bei dem großen Einfluß, den die sozialdemokratischen Parteien in der Nationalversammlung hatten, darf es nicht Wunder nehmen, wenn die R. V. starke Zugeständnisse an ihr Programm enthält. Freilich erhebt sich sofort die Frage, welche der verschiedenen Richtungen des Sozialismus dabei den größeren Einfluß hatte. Wir haben da zu unterscheiden die schärfere Ausprägung des wirtschaftlichen Sozialismus, den Marxismus, der die Überführung der Produktionsmittel an „Die Gesellschaft" (in deren Namen meist, aber nicht immer, der Staat handelnd gedacht wird) durchführen, also dem Unternehmertum ein Ende machen, den individualistischen Erwerbstrieb als Grundlage der Wirtschaft ausschalten und durch gemeinwirtschaftliche Bestrebungen ersetzt wissen will, und andererseits den Sozialismus im weiteren Sinn, der zwar auch der Betätigung des Eigennutzes in der Volkswirtschaft sehr starke Schranken im Interesse gerechter Güterverteilung entgegenstellen, aber doch die erwerbswirtschaftliche Struktur der Einzelbetriebe, ihre Fundierung auf individuelles Unternehmungs- und Verantwortungsgefühl nicht grundsätzlich beseitigen will. Bedenkt man, daß der strenge Marxismus von einem erheblichen Teil mindestens der Mehrheitssozialdemokraten schon vor dem Kriege im Grunde preisgegeben oder doch nicht mehr als unmittelbar zu erstrebendes Ziel anerkannt war, und daß die Bedenken gegen seine Verwirklichung mit Rücksicht auf den jetzigen Zustand unseres Wirtschaftslebens, der alles Experimentieren im jetzigen Augenblick als gefährlich erscheinen läßt, sich bei allen Verständigen vermehrt hatten, so ist damit schon erklärt, daß diese marxistischen Ideen in der R. V. nur mit Vorsicht zum Ausdruck gebracht wurden. Allerdings ist die Möglichkeit regelrechter Vergesellschaftung der „dafür geeigneten" privaten wirtschaftlichen Unternehmungen in Art. 156 Abs. 1 vorgesehen, aber doch nur gegen Entschädigung (während die entschädigungslose „Expropriation der Expropriateure" einen Hauptpunkt des marxistischen Programms gebildet hatte); die Schranken des Eigentums sind sehr viel stärker als bisher betont, und es ist auch in Art. 153 Abs. 2 eine Enteignung von Grund und Boden ohne oder gegen nur teilweise Entschädigung vorbehalten. Aber dem steht gegenüber, daß grundsätzlich in Art. 153 das Eigentum doch wieder gewährleistet ist, daß Art. 151 und 152 sich sehr entschieden für das Prinzip der wirtschaftlichen Freiheit des einzelnen aussprechen und daß Art. 154 das Erbrecht gewährleistet. Die zahlreichen und praktisch wichtigen Einschränkungen, welche gegenüber diesen drei Hauptgrundsätzen individualistischer Gesellschafts- und Wirtschaftsordnung gemacht werden, liegen zum größeren Teil eben doch in der Richtung jenes gemäßigten Sozialismus, der von der Sozialpolitik der bürgerlichen Parteien nicht wesentlich verschieden ist. Er gibt sich namentlich auch kund in dem wichtigen Bodenreformartikel 155, wo zwar sehr einschneidende, gegenüber bisher bedeutend weitergehende Eingriffe mit dem Ziel der Gemeinwirtschaft vorgesehen sind, aber grundsätzlich doch auch nur gegen Entschädigung. In dieser Richtung liegen auch die Vorschriften über die weniger radikalen Arten der Sozialisierung in Art. 156, Abs. 2 u. 3, die Sicherungen des Koalitionsrechts und seiner Ausflüsse in Art. 159 und 160, der Ausbau der Arbeiterversicherung in Art. 161 und 162, die Anerkennung des Rechts auf Arbeit in Art. 163, während die Mittelstandsfürsorge in Art. 164 sich überhaupt nicht auf das sozialdemokratische Programm stützen kann.

Hinter diesen Bestimmungen, die einzelne Gebiete des Wirtschaftslebens betreffen, steht nun noch als allgemeine, die mehr mittelbar, aber doch höchst nachhaltig unsere Wirtschaftsverfassung beeinflußt, diejenige, über die Betriebs- und Wirtschaftsräte. Eine ursprünglich dem Programm des Marxismus („Diktatur des Proletariats") entstammende Forderung, die im bolschewistischen Rußland mit der Herrschaft der Arbeiter- und Soldatenräte wenigstens kurze Zeit einigermaßen verwirklicht wurde (um alsbald durch die Diktatur einer neuen Oligarchie abgelöst zu werden), ist hier erheblich modifiziert und mit einem andern Gedanken, dem der berufsständischen Vertretung verschmolzen, auf die deutsche Verfassung übertragen worden. Der Hauptunterschied von jenem russischen Vorbild besteht darin, daß die Arbeitervertretungen doch zunächst nur auf dem Gebiet des Wirtschaftslebens und innerhalb der Betriebe und auch hier nicht ausschließlich, sondern „gleichberechtigt in Gemeinschaft mit den Unternehmern" Bestimmungsrechte erhielten. Was die Betriebsräte bringen, läßt sich mit einem Bild vom Verfassungsleben als das konstitutionelle System bei den Betriebsleitungen bezeichnen, das dem Alleinbestimmungsrecht (Absolutismus) der Unternehmer ein Ende macht. Die Funktion der Arbeitervertretungen wurde dann allerdings ausgedehnt auf die Bezirks- und Zentralinstanz, aber auch hier grundsätzlich als Mitbestimmungsrecht. In seiner Tragweite auch jetzt noch nicht übersehbar bildet dieser Räteartikel den Schluß unserer wirtschaftlichen Bestimmungen in der Verfassung, die sich demnach auf einen einheitlichen Nenner überhaupt nicht bringen lassen. Sie tragen den Charakter des Kompromisses ebenfalls vielfach sehr deutlich zur Schau, und enthalten auch nicht ganz wenige mehr schönklingende als inhaltreiche Wendungen.

Der tiefste Grund aber, weshalb unsere Verfassung nicht weitergehend den Sozialismus verwirklicht als geschehen ist, liegt darin, daß seine Durchführung ständig die einschneidendsten Zwangsregelungen auf allen Gebieten nötig machte, und damit zu Einschränkungen der Freiheit des einzelnen und zu einer Verstärkung der Bürokratie und des Zentralismus führte, die mit den Zielen der Demokratie nicht mehr vereinbar sind. Das ist die verfassungsrechtliche Lehre, die wir dem russischen Beispiel und auch den Erfahrungen mit dem Staatssozialismus der Kriegs- und Nachkriegswirtschaft bei uns selbst entnommen haben. Sozialismus und Demokratie, die vor dem Krieg verschwistert erschienen, sind, wie sich bei genauerem Zusehen ergab, in Widerstreit miteinander geraten, und in diesem haben bei uns die demokratischen Bestrebungen die Oberhand gewonnen.

Art. 151. [Freiheit im Wirtschaftsleben.] **Die Ordnung des Wirtschaftslebens muß den Grundsätzen der Gerechtigkeit mit dem Ziele der Gewährleistung eines menschenwürdigen Daseins für alle entsprechen. In diesen Grenzen ist die wirtschaftliche Freiheit des Einzelnen zu sichern.**

Gesetzlicher Zwang ist nur zulässig zur Verwirklichung bedrohter Rechte oder im Dienst überragender Forderungen des Gemeinwohls.

Die Freiheit des Handels und Gewerbes wird nach Maßgabe der Reichsgesetze gewährleistet.

Art. 152. [Vertragsfreiheit.] **Im Wirtschaftsverkehr gilt Vertragsfreiheit nach Maßgabe der Gesetze.**

Wucher ist verboten. Rechtsgeschäfte, die gegen die guten Sitten verstoßen, sind nichtig.

Nach programmatischer Formulierung des letzten Endziels unserer Wirtschaftsgesetzgebung bringen diese Bestimmungen ein verhältnismäßig entschiedenes Bekenntnis zum System der wirtschaftlichen Freiheit. Die Voraussetzungen ihrer Einschränkung, Verwirklichung bedrohter Rechte oder überragende Forderungen des Gemeinwohls, sind natürlich ganz und gar unbestimmte Begriffe. Art. 152 Abs. 2 legt nur einen bekannten Satz des BGB. (§ 138) fest.

Art. 153. [Das Eigentum.] **Das Eigentum wird von der Verfassung gewährleistet. Sein Inhalt und seine Schranken ergeben sich aus den Gesetzen.**

Eine Enteignung kann nur zum Wohle der Allgemeinheit und auf gesetzlicher Grundlage vorgenommen werden. Sie erfolgt gegen angemessene Entschädigung, soweit nicht ein Reichsgesetz etwas anderes bestimmt. Wegen der Höhe der Entschädigung ist im Streitfalle der Rechtsweg bei den ordentlichen Gerichten offen zu halten, soweit Reichsgesetze nichts anderes bestimmen. Enteignung durch das Reich gegenüber Ländern, Gemeinden und gemeinnützigen Verbänden kann nur gegen Entschädigung erfolgen.

Eigentum verpflichtet. Sein Gebrauch soll zugleich Dienst sein für das gemeine Beste.

Wenn die n. R. V. das Privateigentum grundsätzlich aufrechterhält, so mußte sie auch die Enteignung aus dem bisherigen Recht (Landesverfassungen und Landesgesetze) übernehmen. Diese Rechtseinrichtung weist dabei die ihr bisher wesentlichen Züge auf; nicht ohne Bedeutung ist jedoch, daß nicht mehr volle, sondern nur angemessene Entschädigung zugesagt ist und auch von dieser Ausnahmen vorbehalten sind. Es ist darin ein Zugeständnis an die Bodenreformer zu sehen, um die Enteignungen zu erleichtern. Nach welchem Maßstab entschieden werden soll, ob eine Entschädigung angemessen ist, darüber läßt freilich die R. V. jeden Anhaltspunkt vermüssen, und so ist mit der Bestimmung praktisch nicht allzuviel anzufangen. Das nach Art. 7 Ziff. 12 zu erwartende allgemeine Reichsenteignungsgesetz steht noch aus.

Art. 154. [Das Erbrecht.] **Das Erbrecht wird nach Maßgabe des bürgerlichen Rechtes gewährleistet.**

Der Anteil des Staates am Erbgut bestimmt sich nach den Gesetzen.

Welchen Anteil am Erbgut der Staat, genauer Reich und Länder bekommen, ist inzwischen bestimmt worden durch das Erbschaftssteuergesetz, das von den größten Erbschaften bei entfernter Verwandtschaft bis zu 90% wegsteuert. Rechtlich wird dabei übrigens der Staat nicht Erbe, denn das hätte zur Folge, daß er auch für die Nachlaßschulden haftet, sondern die Steuer ist nach Art einer Nachlaßschuld teils von dem Nachlaß als Nachlaßsteuer, teils von den Erben als Erbanfallsteuer zu bezahlen.

Art. 155. [Bodenverteilung und -Nutzung.] **Die Verteilung und Nutzung des Bodens wird von Staats wegen in einer Weise überwacht, die Mißbrauch verhütet und dem Ziele zustrebt, jedem Deutschen eine gesunde Wohnung und allen deutschen Familien, besonders den kinderreichen, eine ihren Bedürfnissen entsprechende Wohn- und Wirtschaftsheimstätte zu sichern. Kriegsteilnehmer sind bei dem zu schaffenden Heimstättenrecht besonders zu berücksichtigen.**

Grundbesitz, dessen Erwerb zur Befriedigung des Wohnungsbedürfnisses, zur Förderung der Siedlung und Urbarmachung oder zur Hebung der Landwirtschaft nötig ist, kann enteignet werden. Die Fideikommisse sind aufzulösen.

Die Bearbeitung und Ausnutzung des Bodens ist eine Pflicht des Grundbesitzers gegenüber der Gemeinschaft. Die Wertsteigerung des Bodens, die ohne eine Arbeits- oder Kapitalaufwendung auf das Grundstück entsteht, ist für die Gesamtheit nutzbar zu machen.

Alle Bodenschätze und alle wirtschaftlich nutzbaren Naturkräfte stehen unter Aufsicht des Staates. Private Regale sind im Wege der Gesetzgebung auf den Staat zu überführen.

Im ersten Absatz mit seinen vielen und schönen Worten ist das Programm unserer Bodenreformer weitgehend niedergelegt. Mit der Erleichterung der Enteignung, die Abs. 2 bringt, war die Möglichkeit für eine umfangreiche neue Bodengesetzgebung geschaffen, die auch alsbald in schnellem Tempo eingesetzt hat. Die wichtigsten auf Grund des Art. 155 Abs. 2 ergangenen Wohnungs- und Siedelungsgesetze, deren Wirkung aber zum Teil recht enttäuscht, sind zur Zeit die folgenden: 1. das Gesetz über Maßnahmen gegen Wohnungsmangel vom 11. Mai 1920 (vgl. oben bei Art. 115).

2. Die Kleingarten- und Kleinpachtlandordnung vom 31. Juli 1919, RGBl. 1919, S. 1371, die Höchstpachtpreise für die Kleinverpachtungen und eine gemeinnützige Pachtvermittlung einführt. 3. Die Pachtschutzordnung vom 9. Juni 1920, RGBl. 1920, S. 1193 (zu der ergänzend landesrechtliche Pachtschutzordnungen ergangen sind); sie bringt Pachteinigungsämter (meist bei den Amtsgerichten eingerichtet), die allgemein die landwirtschaftlichen Pachtpreise bei laufenden Verträgen den neuen Geldverhältnissen entsprechend nach Billigkeit festsetzen. 4. Das Reichssiedelungsgesetz vom 11. Aug. 1919, RGBl. 1919, S. 1429; es will die gemeinnützige Siedelung fördern durch Gründung von Siedelungsunternehmen, die mit Enteignungs- und Vorkaufsrechten ausgestattet werden. Das für die Siedelung nötige Land haben die zu Landlieferungsverbänden zusammengeschlossenen Grundbesitzer bereitzustellen. 5. Das Reichsheimstättengesetz vom 10. Mai 1920, RGBl. 1920, S. 962; es ermöglicht die Beschaffung von Wohn- und Wirtschaftsheimstätten, je für eine Familie bestimmt, durch Reich, Länder und Gemeinden. Dabei wird ein gebundenes Eigentum begründet, das durch Kennzeichnung als Heimstätte im Grundbuch dem freien Verkehr entzogen und weiter durch einen Heimfallanspruch des Ausgebenden davor geschützt wird, je Gegenstand der Spekulation werden zu können.

Der Forderung des Abs. 3, Satz 2 entspricht das (Grundwert-) Zuwachssteuergesetz des Reichs vom 14. Febr. 1911. Diese Steuer wird aber seit 1913 nur noch in halber Höhe zugunsten der Länder (10%) und der Gemeinden (40%) erhoben. Das Reich hat auf seine Hälfte mit Rücksicht auf die damals eingeführte allgemeine Vermögenszuwachssteuer (sog. Besitzsteuer) verzichtet.

In Ausführung von Abs. 4 Satz 2 ist in Preußen ergangen das Gesetz zur Überführung der standesherrlichen Bergregale an den Staat vom 19. Okt. 1920, das im allgemeinen eine Übergangszeit von 15 Jahren vorsieht, während deren die Erträge dieser Regale teilweise noch weiter gewährt werden.

Art. 156. [Vergesellschaftung.] **Das Reich kann durch Gesetz, unbeschadet der Entschädigung, in sinngemäßer Anwendung der für Enteignung geltenden Bestimmungen, für die Vergesellschaftung geeignete private wirtschaftliche Unternehmungen in Gemeineigentum überführen. Es kann sich selbst, die Länder oder die Gemeinden an der Verwaltung**

wirtschaftlicher Unternehmungen und Verbände beteiligen oder sich daran in anderer Weise einen bestimmenden Einfluß sichern.

Das Reich kann ferner im Falle dringenden Bedürfnisses zum Zwecke der Gemeinwirtschaft durch Gesetz wirtschaftliche Unternehmungen und Verbände auf der Grundlage der Selbstverwaltung zusammenschließen mit dem Ziele, die Mitwirkung aller schaffenden Volksteile zu sichern, Arbeitgeber und Arbeitnehmer an der Verwaltung zu beteiligen und Erzeugung, Herstellung, Verteilung, Verwendung, Preisgestaltung sowie Ein- und Ausfuhr der Wirtschaftsgüter nach gemeinwirtschaftlichen Grundsätzen zu regeln.

Die Erwerbs- und Wirtschaftsgenossenschaften und deren Vereinigungen sind auf ihr Verlangen unter Berücksichtigung ihrer Verfassung und Eigenart in die Gemeinwirtschaft einzugliedern.

Mit einem kurzen Schlagwort kann man das in Abs. 1 Satz 1 vorgesehene Verfahren der Vollsozialisierung bezeichnen. Träger des Gemeineigentums müßten Reich, Länder oder Gemeinden sein. Als für die Verstaatlichung geeignet wurden in erster Linie die Bergwerke betrachtet, zur Durchführung der Sozialisierung bei ihnen ist es aber bis jetzt noch nicht gekommen. Nur das Gesetz über die Sozialisierung der Elektrizitätswirtschaft vom 31. Dez. 1919, RGBl. 1920, S. 19 liegt insofern im Sinne dieses Abs. 1, als es in der Tat Enteignungen größerer Unternehmen zugunsten des Reichs ermöglicht; doch ist festzustellen, daß trotz dieser besonderen Grundlage solche Verstaatlichungen auch hier tatsächlich in größerem Umfang noch nicht vorgekommen sind.

Die in Abs. 1 Satz 2 angedeutete Art der Beteiligung von Reich, Staat oder Gemeinden an Unternehmungen führt zu sogenannten gemischtwirtschaftlichen Unternehmungen, wie sie schon seit langem namentlich für Elektrizitätswerke, Kraftwagenlinien usw. bestanden.

Was Abs. 2 mit seinen unbestimmten Wendungen besagt (beachte immerhin: zum Zwecke „der Gemeinwirtschaft", nicht „des Gemeineigentums", wie es in Abs. 1 Satz 1 heißt), liegt in der Richtung der Sozialisierung oder des Sozialismus im weiteren Sinne, oder auch, ungefähr gleichbedeutend damit, der Planwirtschaft. Das Mittel zu ihrer Herbeiführung sind hier die Zwangssyndikate, zu denen die einzelnen Unternehmungen zusammengeschlossen werden, ohne ihren erwerbswirtschaftlichen Charakter ganz zu verlieren. Dieser Form entspricht namentlich das Gesetz über die Regelung der Kohlenwirtschaft vom 23. März 1919 (RGBl. 1919, S. 342), das Gesetz über die Regelung der Kaliwirtschaft vom 24. April 1919 (RGBl. 1919, S. 413), die Verordnung zur Regelung der Eisenwirtschaft vom 1. April 1920 (RGBl. 1920, S. 435), die sämtlich Zwangssyndizierungen unter stärkster Einflußnahme des Reichs und unter Anteilnahme der Arbeitnehmer in der Leitung der Syndikate bringen.

Den Urhebern des sehr unbestimmt gefaßten letzten Absatzes schwebte vermutlich vor die Idee des Genossenschaftssozialismus, auf den manche große Hoffnungen setzen und auf den daher in der R.V. auch hingewiesen werden sollte.

Art. 157. [Schutz der Arbeitskraft; Arbeitsrecht.] **Die Arbeitskraft steht unter dem besonderen Schutz des Reichs.**

Das Reich schafft ein einheitliches Arbeitsrecht.

Art. 158. [Schutz der geistigen Arbeit.] **Die geistige Arbeit, das Recht der Urheber, der Erfinder und der Künstler genießt den Schutz und die Fürsorge des Reichs.**

Den Schöpfungen deutscher Wissenschaft, Kunst und Technik ist durch zwischenstaatliche Vereinbarung auch im Ausland Geltung und Schutz zu verschaffen.

In der Hauptsache nur Programmsätze. Auf dem Gebiet des Arbeitsrechts hat die Gesetzgebung alsbald eine große Tätigkeit entfaltet, die demnächst durch eine umfassende Kodifikation der bis jetzt ergangenen Regelungen einzelner arbeitsrechtlicher Materien (Tarifvertrag, Schlichtungswesen usw.) abgeschlossen werden soll.

Art. 159. [Vereinigungsfreiheit.] **Die Vereinigungsfreiheit zur Wahrung und Förderung der Arbeits- und Wirtschaftsbedingungen ist für jedermann und für alle Berufe gewährleistet. Alle Abreden und Maßnahmen, welche diese Freiheit einzuschränken oder zu behindern suchen, sind rechtswidrig.**

Hier wird das durch § 152 Gewerbeordnung für die Gebiete des Gewerbelebens gewährte Recht inhaltlich erweitert und auf alle Berufe ausgedehnt. In diesem Vereinigungsrecht ist das Streikrecht an sich nicht enthalten. (Eigens um dies außer Zweifel zu stellen, ist das Wort Vereinigungsrecht statt Koalitionsrecht gewählt, da der letztere Ausdruck außer Vereinigungen auch vorübergehende Verabredungen, wie eben solche zu Streiks, enthält.) Die Beamten, denen ein Streikrecht von jeher nicht zustand und auch jetzt nicht von der Regierung zuerkannt wird, können sich daher auf Art. 159 jedenfalls nicht berufen.

Art. 160. [Arbeitsverhältnis und staatsbürgerliche Rechte.] **Wer in einem Dienst- oder Arbeitsverhältnis als Angestellter oder Arbeiter steht, hat das Recht auf die zur Wahrnehmung staatsbürgerlicher Rechte und, soweit dadurch der Betrieb nicht erheblich geschädigt wird, zur Ausübung ihm übertragener öffentlicher Ehrenämter nötige freie Zeit. Wieweit ihm der Anspruch auf Vergütung erhalten bleibt, bestimmt das Gesetz.**

Zu vergleichen jetzt namentlich Betr.-Räte-Ges. vom 4. Febr. 1920, § 35.

Art. 161. [Sozialgesetzgebung.] **Zur Erhaltung der Gesundheit und Arbeitsfähigkeit, zum Schutz der Mutterschaft und zur Vorsorge gegen die wirtschaftlichen Folgen von Alter, Schwäche und Wechselfällen des Lebens schafft das Reich ein umfassendes Versicherungswesen unter maßgebender Mitwirkung der Versicherten.**

Nach dem Wortlaut dieses Artikels könnte man meinen, eine soziale Versicherung wäre erst zu schaffen. In Wirklichkeit besteht sie bekanntlich bei uns seit fast 40 Jahren und mit ihrer Ausbildung in der Reichs-Vers.-O. vom 19. Juli 1911 und dem Angestelltenversicherungsgesetz vom 20. Dez. 1911, die seither zahlreiche Ergänzungen erfahren haben, standen wir unbestrittenermaßen schon vor dem Kriege an der Spitze der Kulturstaaten. Es kann sich jetzt nur um organische Fortbildung dieser Gesetze handeln, bei der vor allem die Frage einer Verschmelzung der verschiedenen Zweige zu entscheiden sein wird.

Art. 162. [Zwischenstaatlicher Arbeiterschutz.] **Das Reich tritt für eine zwischenstaatliche Regelung der Rechtsverhältnisse der Arbeiter ein, die für die gesamte arbeitende Klasse der Menschheit ein allgemeines Mindestmaß der sozialen Rechte erstrebt.**

Art. 163. [Arbeitspflicht und Recht auf Arbeit.] **Jeder Deutsche hat unbeschadet seiner persönlichen Freiheit die sittliche Pflicht, seine geistigen und körperlichen Kräfte so zu betätigen, wie es das Wohl der Gesamtheit erfordert.**

Jedem Deutschen soll die Möglichkeit gegeben werden, durch wirtschaftliche Arbeit seinen Unterhalt zu erwerben. Soweit ihm angemessene Arbeitsgelegenheit nicht nachgewiesen werden kann, wird für seinen notwendigen Unterhalt gesorgt. Das Nähere wird durch besondere Reichsgesetze bestimmt.

Von einiger Bedeutung ist hier höchstens Art. 163, Abs. 2, der das auch 1848 schon diskutierte „Recht auf Arbeit" in dem Sinne anerkennt, daß der Staat Arbeit nachzuweisen hat, und wenn er dies nicht kann, dem Bedürftigen Arbeitslosenunterstützung gewähren muß. Zur praktischen Betätigung dieses Gedankens ist nach der

Revolution am 3. Dez. 1918 eine Verordnung über die Erwerbslosenunterstützung ergangen, die seither mehrmals, zuletzt am 6. Mai 1920 abgeändert wurde.

Art. 164. [Schutz des Mittelstands.] **Der selbständige Mittelstand in Landwirtschaft, Gewerbe und Handel ist in Gesetzgebung und Verwaltung zu fördern und gegen Überlastung und Aufsaugung zu schützen.**

Ebenfalls nur von programmatischer Bedeutung, vgl. Vorbemerkungen zu diesem Abschnitt.

Art. 165. [Reichsarbeiterrat, Reichswirtschaftsrat.] **Die Arbeiter und Angestellten sind dazu berufen, gleichberechtigt in Gemeinschaft mit den Unternehmern an der Regelung der Lohn- und Arbeitsbedingungen sowie an der gesamten wirtschaftlichen Entwicklung der produktiven Kräfte mitzuwirken. Die beiderseitigen Organisationen und ihre Vereinbarungen werden anerkannt.**

Die Arbeiter und Angestellten erhalten zur Wahrnehmung ihrer sozialen und wirtschaftlichen Interessen gesetzliche Vertretungen in Betriebsarbeiterräten sowie in nach Wirtschaftsgebieten gegliederten Bezirksarbeiterräten und in einem Reichsarbeiterrat.

Die Bezirksarbeiterräte und der Reichsarbeiterrat treten zur Erfüllung der gesamten wirtschaftlichen Aufgaben und zur Mitwirkung bei der Ausführung der Sozialisierungsgesetze mit den Vertretungen der Unternehmer und sonst beteiligter Volkskreise zu Bezirkswirtschaftsräten und zu einem Reichswirtschaftsrat zusammen. Die Bezirkswirtschaftsräte und der Reichswirtschaftsrat sind so zu gestalten, daß alle wichtigen Berufsgruppen entsprechend ihrer wirtschaftlichen und sozialen Bedeutung darin vertreten sind.

Sozialpolitische und wirtschaftspolitische Gesetzentwürfe von grundlegender Bedeutung sollen von der Reichsregierung vor ihrer Einbringung dem Reichswirtschaftsrat zur Begutachtung vorgelegt werden. Der Reichswirtschaftsrat hat das Recht, selbst solche Gesetzesvorlagen zu beantragen. Stimmt ihnen die Reichsregierung nicht zu, so hat sie trotzdem die Vorlage unter Darlegung ihres Standpunkts beim Reichstag einzubringen. Der Reichswirtschaftsrat kann die Vorlage durch eines seiner Mitglieder vor dem Reichstag vertreten lassen.

Den Arbeiter- und Wirtschaftsräten können auf den ihnen überwiesenen Gebieten Kontroll- und Verwaltungsbefugnisse übertragen werden.

Aufbau und Aufgabe der Arbeiter- und Wirtschaftsräte sowie ihr Verhältnis zu anderen sozialen Selbstverwaltungskörpern zu regeln, ist ausschließlich Sache des Reichs.

Die allgemeine Bedeutung dieser Bestimmung ist in der Vorbemerkung schon gewürdigt. Unter den wirtschaftlichen Vorschriften steht sie mit Rücksicht darauf, daß sie von den wirtschaftlichen Einzelbetrieben ausgeht. Die Ausführung der hier nur angedeuteten Grundlinie hat das bekannte Betr.-Räte-Ges. vom 4. Febr.

1920 (RGBl. 1920, S. 147) gebracht; es macht für alle Betriebe mit mehr als 20 Arbeitnehmern einen Betriebsrat nötig; dieser zerfällt in einen Arbeiterrat und einen Angestelltenrat, und nimmt seine Befugnisse teils in diesen Gruppen, teils als ganzer Betriebsrat wahr. Mit dem Gedanken der Heranziehung der Arbeiter zu den Betriebsvertretungen wurde dann verschmolzen ein solcher wesentlich andern Ursprungs: der einer berufsständischen Vertretung bei der Gesetzgebung, wie sie in Deutschland namentlich der Philosoph Karl Christian Planck (1819—1880) gefordert hatte. In ihrem Sinn lag die Schaffung eines wirtschaftlichen Parlaments, wie es der Reichswirtschaftsrat ist. Der Reichswirtschaftsrat ist zunächst beratende Behörde, ausgestattet jedoch mit mittelbarem Gesetzesvorschlagsrecht, gleich dem des Reichsrats. Durch eine Verordnung vom 4. Mai 1920 ist er vorläufig ins Leben gerufen worden; er besteht zur Zeit aus 326 Mitgliedern, von den 68 auf Landwirtschaft und Forstwirtschaft entfallen (dazu noch 6 auf Gärtnerei und Fischerei), 68 auf die Industrie, 44 auf Handel und Gewerbe, 36 auf das Handwerk, 34 auf die öffentlichen Unternehmungen, 30 auf die Verbraucherschaft, 16 auf die Beamtenschaft und freien Berufe. Dazu kommen 12 von den Landesregierungen und 12 von der Reichsregierung ernannte Mitglieder. Durch eine weitere Verordnung vom 28. Juni 1920 haben die Mitglieder des Reichswirtschaftsrats freie Eisenbahnfahrt und Anspruch auf Entschädigung, ähnlich wie die Mitglieder des Reichstags erhalten. Der Reichswirtschaftsrat ist also auf dem Wege, sich von einer Behörde zu einer Volksvertretung zu entwickeln. Wenn auch seine Rechte vorläufig nur schwach sind, so kann er doch große Bedeutung erlangen. Vor dem auf Parteipolitik eingestellten Reichstag hat er voraus, die Möglichkeit rein sachlichen und in erhöhtem Maße sachkundigen Rats und kann sich so durch seine Arbeit eine Geltung verschaffen, die über die vom Buchstaben der Verfassung eingeräumte hinausgeht.

Als Zwischenstufe zwischen ihm und den Betrieben sind Bezirkswirtschaftsräte vorgesehen, die in der Hauptsache beratende Verwaltungsbehörden sein werden. Die Frage ihrer Einrichtung ist noch in der Schwebe und bedarf eingehender Prüfung, da es vermieden werden muß, den bestehenden Verwaltungsapparat noch größer und teurer zu machen.

Übergangs- und Schlußbestimmungen.

Art. 166. [Übergangsbestimmung für das Wahlprüfungsgericht.] **Bis zur Errichtung des Reichsverwaltungsgerichts tritt an seine Stelle für die Bildung des Wahlprüfungsgerichts das Reichsgericht.**

Vgl. oben Art. 31 und 107.

Art. 167. [Übergangsbestimmung für die Umgestaltung der Länder.] **Die Bestimmungen des Artikel 18 Abs. 3 bis 6 treten erst zwei Jahre nach Verkündung der Reichsverfassung in Kraft.**

Vgl. oben Art. 18. Durch ein verfassungänderndes Gesetz betreffend Oberschlesien vom 27. Nov. 1920 war vorgesehen, daß diese Provinz sich nach Entscheidung ihres endgültigen Verbleibs bei Deutschland durch Volksabstimmung darüber aussprechen sollte, ob sie einen von Preußen losgelösten selbständigen Bundesstaat innerhalb Preußens selbst bilden sollte. Wie weit der bei Deutschland verbleibende Teil hiervon Gebrauch machen will, steht noch nicht fest.

Art. 168. [Übergangsbestimmung für die preußischen Reichsratsstimmen.] **Bis zum Erlaß des im Artikel 63 vorgesehenen Landesgesetzes, aber höchstens bis zum 1. Juli 1921, können die sämtlichen preußischen Stimmen im Reichsrat von Mitgliedern der Regierung abgegeben werden.**

Fassung des Gesetzes vom 6. August 1920.

Vgl. oben Art. 63.

Art. 169. [Übergangsbestimmung für die Verwaltung der Zölle und Verbrauchssteuern.] **Der Zeitpunkt des Inkrafttretens der Bestimmung im Artikel 83 Abs. 1 wird durch die Reichsregierung festgesetzt.**

Für eine angemessene Übergangszeit kann die Erhebung und Verwaltung der Zölle und Verbrauchssteuern den Ländern auf ihren Wunsch belassen werden.

Der Art. ist durch die sofortige Einführung der Reichssteuerverwaltung mit der Reichsabgabenordnung gegenstandslos geworden, vgl. oben bei Art. 83.

Art. 170. [Übergangsbestimmung für die Postverwaltung.] **Die Post- und Telegraphenverwaltungen Bayerns und Württembergs gehen spätestens am 1. April 1921 auf das Reich über.**

Soweit bis zum 1. Oktober 1920 noch keine Verständigung über die Bedingungen der Übernahme erzielt ist, entscheidet der Staatsgerichtshof.

Bis zur Übernahme bleiben die bisherigen Rechte und Pflichten Bayerns und Württembergs in Kraft. Der Post- und Telegraphenverkehr mit den Nachbarstaaten des Auslandes wird jedoch ausschließlich vom Reiche geregelt.

Vgl. oben Art. 88.

Art. 171. [Übergangsbestimmung für die Eisenbahnen und Wasserstraßen.] **Die Staatseisenbahnen, Wasserstraßen und Seezeichen gehen spätestens am 1. April 1921 auf das Reich über.**

Soweit bis zum 1. Oktober 1920 noch keine Verständigung über die Bedingungen der Übernahme erzielt ist, entscheidet der Staatsgerichtshof.

Vgl. oben Art. 89.

Art. 172. [Übergangsbestimmung für den Staatsgerichtshof.] **Bis zum Inkrafttreten des Reichsgesetzes über den Staatsgerichtshof übt seine Befugnisse ein Senat von sieben Mitgliedern aus, wovon der Reichstag vier und das Reichsgericht aus seiner Mitte drei wählt. Sein Verfahren regelt er selbst.**

Vgl. oben Art. 108.

Art. 173. [Übergangsbestimmung für die Staatsleistungen an die Kirche.] **Bis zum Erlaß eines Reichsgesetzes gemäß Artikel 138 bleiben die bisherigen auf Gesetz, Vertrag oder besonderen Rechtstiteln beruhenden Staatsleistungen an die Religionsgesellschaften bestehen.**

Vgl. oben Art. 138.

Art. 174. [Übergangsbestimmung für die Schule.] **Bis zum Erlaß des in Artikel 146 Abs. 2 vorgesehenen Reichsgesetzes bleibt es bei der bestehenden Rechtslage. Das Gesetz hat Gebiete des Reichs, in denen eine nach Bekenntnissen nicht getrennte Schule gesetzlich besteht, besonders zu berücksichtigen.**

Vgl. oben Art. 146.

Art. 175. [Übergangsbestimmung für Auszeichnungen an Kriegsteilnehmer.] **Die Bestimmung des Artikel 109 findet keine Anwendung auf Orden und Ehrenzeichen, die für Verdienste in den Kriegsjahren 1914—1919 verliehen werden sollen.**

Art. 176. [Vereidigung der Beamten und Angehörigen der Wehrmacht.] **Alle öffentlichen Beamten und Angehörigen der Wehrmacht sind auf diese Verfassung zu vereidigen. Das Nähere wird durch Verordnung des Reichspräsidenten bestimmt.**

Diese Verordnung ist unter dem 14. Aug. 1919 ergangen. Der Eid, den sie vorschreibt, lautet für Reichsbeamte: „Ich schwöre Treue der Verfassung, Gehorsam den Gesetzen und gewissenhafte Erfüllung meiner Amtspflichten"; für andere öffentliche Beamte: „Ich schwöre Treue der Reichsverfassung"; für Angehörige der Wehrmacht: „Ich schwöre Treue der Reichsverfassung und gelobe, daß ich als tapferer Soldat das Deutsche Reich und seine gesetzmäßigen Einrichtungen jederzeit schützen, dem Reichspräsidenten und meinen Vorgesetzten Gehorsam leisten will."

Art. 177. [Eidesform.] **Wo in den bestehenden Gesetzen die Eidesleistung unter Benutzung einer religiösen Eidesform vorgesehen ist, kann die Eidesleistung rechtswirksam auch in der Weise erfolgen, daß der Schwörende unter Weglassung der religiösen Eidesform erklärt: „ich schwöre". Im übrigen bleibt der in den Gesetzen vorgesehene Inhalt des Eides unberührt.**

Art. 178. [Aufhebung früherer, der Verfassung entgegenstehender Gesetze, Verordnungen und Anordnungen.] **Die Verfassung des Deutschen Reichs vom 16. April 1871 und das Gesetz über die vorläufige Reichsgewalt vom 10. Februar 1919 sind aufgehoben.**

Die übrigen Gesetze und Verordnungen des Reichs bleiben in Kraft, soweit ihnen diese Verfassung nicht entgegensteht. Die Bestimmungen des am 28. Juni 1919 in Versailles unterzeichneten Friedensvertrags werden durch die Verfassung nicht berührt. Mit Rücksicht auf die Verhandlungen bei dem Erwerbe der Insel Helgoland kann zugunsten ihrer einheimischen Bevölkerung eine von Artikel 17 Abs. 2 abweichende Regelung getroffen werden.

Anordnungen der Behörden, die auf Grund bisheriger Gesetze in rechtsgültiger Weise getroffen waren, behalten ihre Gültigkeit bis zur Aufhebung im Wege anderweiter Anordnung oder Gesetzgebung.

Der Schlußsatz von Abs. 2 ist durch Gesetz vom 6. August 1920 eingefügt.

Art. 179. [Ersatz der früheren durch die neuen Reichseinrichtungen.] **Soweit in Gesetzen oder Verordnungen auf Vorschriften und Einrichtungen verwiesen ist, die durch diese Verfassung aufgehoben sind, treten an ihre Stelle die entsprechenden Vorschriften und Einrichtungen dieser Verfassung. Insbesondere treten an die Stelle der Nationalversammlung der Reichstag, an die Stelle des Staatenausschusses der Reichsrat, an die Stelle des auf Grund des Gesetzes über die vorläufige Reichsgewalt gewählten Reichspräsidenten der auf Grund dieser Verfassung gewählte Reichspräsident.**

Die nach den bisherigen Vorschriften dem Staatenausschuß zustehende Befugnis zum Erlaß von Verordnungen geht auf die Reichsregierung über; sie bedarf zum Erlaß der Verordnungen der Zustimmung des Reichsrats nach Maßgabe dieser Verfassung.

Wie in der Einleitung § 4 dargelegt, war durch die Revolution vom Nov. 1918 die Verfassung von 1871 nicht in allen Teilen, sondern nur insoweit aufgehoben, als ihre Bestimmungen mit dem monarchischen Charakter des Reichs und seiner Einzelstaaten zusammenhingen. Auch das Gesetz über die vorläufige Reichsgewalt hatte daran nichts Grundsätzliches geändert. Das Übergangsgesetz vom 4. März 1919[1]) läßt die bisherigen Gesetze und Verordnungen

1) Wiedergegeben oben S. 26.

ebenfalls in Kraft und trifft für eine Legalisierung der in ihrer Geltung zweifelhaft gewordenen Revolutionsverordnungen Sorge.

In den Gesetzen aus der Zeit vor der Revolution, die hiernach in Geltung bleiben, sind vielfach Ermächtigungen des Kaisers, des Bundesrats usw. zu Verordnungen oder Einzelanordnungen enthalten. Ähnlich verwiesen die Verordnungen aus der Revolutionszeit auf den Staatenausschuß oder andere Organe, die nachher verändert wurden. Es war daher nötig zu bestimmen, wer an die Stelle der dort genannten Organe jetzt treten sollte. Dies ist durch Art. 179 bewirkt worden, aber leider so, daß nur auf dem Umweg über das Übergangsgesetz ermittelt werden kann, wer Nachfolger der in vorrevolutionären Gesetzen ermächtigten Organe geworden ist. Im allgemeinen ist der Reichstag in die Rechte des alten Reichstags eingetreten, an die Stelle des Bundesrats der Reichsrat — jedoch mit Ausnahme des Verordnungsrechts —, an die Stelle des Kaisers der Reichspräsident getreten; dagegen sind die Befugnisse des früheren Reichskanzlers nicht grundsätzlich auf den neuen Reichskanzler, sondern auf die Reichsregierung übergegangen, für die sie gewöhnlich vom Fachminister ausgeübt werden.

Art. 180. [Übergangsbestimmung für den Reichspräsidenten und die Nationalversammlung.] **Bis zum Zusammentritt des ersten Reichstags gilt die Nationalversammlung als Reichstag. Bis zum Amtsantritt des ersten Reichspräsidenten wird sein Amt von dem auf Grund des Gesetzes über die vorläufige Reichsgewalt gewählten Reichspräsidenten geführt.**

Art. 181. [Inkrafttreten der Reichsverfassung.] **Das deutsche Volk hat durch seine Nationalversammlung diese Verfassung beschlossen und verabschiedet. Sie tritt mit dem Tage ihrer Verkündigung in Kraft.**

Der Tag der Verkündigung war der 14. Aug., das Ausfertigungsdatum der R. V. und die Unterschriften lauten folgendermaßen:

Schwarzburg, den 11. August 1919.

Der Reichspräsident

Ebert.

Das Reichsministerium

Bauer.

Erzberger. Hermann Müller. Dr. David. Noske.
Schmidt. Schlicke. Giesberts. Dr. Mayer. Dr. Bell.

C. Schluß.

Zusammenfassung der Grundgedanken und Beurteilung der neuen Reichsverfassung.

Die Darstellung eines Gesetzes in Kommentaren macht dringender als eine systematische nötig eine Zusammenfassung seiner Grundgedanken. Sie soll hier angefügt und mit dem Versuche einer kritischen Gesamtbeurteilung des ganzen Verfassungswerkes verbunden werden. Verfassungskritik ist sehr leicht politisch eingestellt, sie braucht es aber nicht zu sein und soweit sie im folgenden versucht wird, ist sie es nicht. Wir scheiden namentlich aus die Frage, ob Monarchie oder Republik. Ausgehend von der Tatsache, daß bei Schaffung der Verfassung eine sehr große Mehrheit der Nationalversammlung sich darüber einig war, daß mindestens vorerst die republikanische Staatsform die einzig mögliche sei, kann unsere Frage nur dahin lauten, ob innerhalb der so gegebenen Richtlinien die Aufgabe der Verfassungsgesetzgebung gut oder weniger gut gelöst wurde, welche Stellung nach Form und Inhalt diese neue Reichsverfassung innerhalb der Verfassungen der jüngsten Zeit einnimmt.

Da muß nun zu allererst gesagt werden, daß die Schaffung dieser Verfassung in dem schrecklichen Jahre 1919 auf alle Fälle eine sehr anerkennenswerte Leistung, ja wirklich eine nationale Tat war. In einer Zeit unerhörter äußerer und innerer Schwierigkeiten, in den Monaten, in denen der Bund unserer Feinde das entsetzliche Instrument des Versailler Friedensdiktats ausarbeitete, uns bekanntgab, uns zu seiner Annahme zwang — in diesen Wochen und Monaten schwerster Aufregungen, tiefster Demütigungen, ist in unverdrossener Arbeit, mit viel Sachkenntnis und Gründlichkeit die Verfassung ausgearbeitet worden und ein Werk zustande gekommen, das sich, gemessen an diesen Schwierigkeiten, auf alle Fälle sehen lassen kann.

Wenn inzwischen nicht unerhebliche Mängel an ihm hervorgetreten sind, so darf nicht vergessen werden, daß es damals einfach unmöglich war, die Dinge so zu übersehen, wie es immerhin jetzt wieder möglich ist. Diese Mängel sind in der Tat nicht nur äußerliche, sondern wir können heute, 2 Jahre nach dem Inkrafttreten der Verfassung, an der getroffenen materiellen Regelung schon eine Reihe von Bestimmungen nachweisen, mit deren Erlaß sich ihre Urheber erheblich verrechnet haben. Noch nie hat eben eine Verfassung genau so gewirkt, wie ihre Urheber es erwarteten; das gilt von der unsrigen, die unter den außerordentlichsten Verhältnissen entstand, in erhöhtem Maße.

Was zunächst die äußere Form, die Gesetzestechnik der Verfassung betrifft, so stellt die neue gegenüber der R. V. von 1871 unbedingt einen bedeutenden Fortschritt dar, sowohl was die Durchsichtigkeit des Gesamtaufbaues, als auch was die Klarheit der einzelnen Bestimmungen und ihre sprachliche Gestaltung betrifft. Das Vorbild der Verfassung der Paulskirche von 1848/49, die wegen ihrer ausgezeichneten

Redaktion berühmt war, ist sichtlich angestrebt, aber allerdings doch nicht erreicht worden. Die Klarheit der organisatorischen Bestimmungen der n. R. V. ist doch durch manche der Sache und dem Ausdruck nach vorhandene Unklarheit getrübt worden und vor allem enthalten ihre Grundrechtsbestimmungen ziemlich vieles, was uns jetzt schon als phrasenhaft unangenehm auffällt. Auch die neuen Landesverfassungen, darunter die preußische vom 30. Nov. 1920, sind redaktionell besser gelungen als die n. R. V. Ein Volksbuch wird daher trotz allen Bemühens unsere n. R. V. nicht eigentlich werden, aber freilich zum erheblichen Teil liegt das daran, daß die von ihr zu lösenden Probleme dafür zu schwierig waren.

Wichtiger als die Prüfung auf mehr äußerliche Mängel ist aber natürlich die Beurteilung der sachlichen Lösungen, die die R. V. gebracht hat. Wir haben dabei die Probleme gesondert zu betrachten, die wir in den bisherigen Darlegungen als Hauptgegenstände der R. V. schon kennen gelernt haben.

Die Lösung des Problems der bundesstaatlichen Gliederung des Reiches ist, wie im einzelnen dargelegt wurde, in dem Sinne erfolgt, daß ein großer Fortschritt in der Richtung auf den Einheitsstaat gemacht wurde. Die Staaten, die nicht ohne Absicht nur noch Länder heißen, haben sehr wichtige Rechte an das Reich abgeben müssen; vor allem die Übernahme der Wehrmacht, der Verwaltung der Verkehrsmittel und der Reichssteuern auf Reichsbehörden sind von einschneidender Bedeutung. Wie sehr die Reichssteuerverwaltung die ganze Existenz der Länder, wie übrigens auch der Gemeinden, in die Hand des Reichs gegeben hat, wird mit der Zeit immer klarer hervortreten.

Man kann es angesichts dieser Veränderungen verstehen, daß Zweifel darüber aufgetaucht sind, ob die deutschen Länder überhaupt noch Staaten sind. Überwiegende Gründe sprechen allerdings dafür, diese Frage doch noch zu bejahen und das Reich also nicht als dezentralisierten Einheitsstaat, sondern nach wie vor als Bundesstaat zu betrachten. Sicher aber ist, daß der Staatscharakter der Reichsglieder weit weniger ausgeprägt ist als bisher und daß rechtlich kaum Hindernisse bestehen, die Macht des Reichs weiter so zu vergrößern, daß aus den Staaten wirklich nur noch Selbstverwaltungskörper werden.[1])

1) Die Frage, ob die deutschen Länder noch Staaten sind, ist juristisch überhaupt nicht reinlich auszumachen, da es keine Instanz gibt, die bindende Normen darüber erließe, bei welchem Grade der Selbständigkeit eine Gebietskörperschaft sich noch Staat nennen darf und von welchem an nicht mehr. Die Art der Umgrenzung dieser Selbständigkeit ist jedenfalls in durchaus neuartiger Weise erfolgt. Ebenso nun wie die Organisation der Reichsgewalt nach der Verfassung von 1871 so eigenartig war, daß sich das Reich in die bisherigen Kategorien der Monarchien gar nicht ohne weiteres eingliedern ließ (vgl. oben S. 16), so können auch unsere jetzigen Länder mit keinem anderen Staatsgebilde genau auf eine Stufe gestellt werden. Wir können nur aus dem

Was den Bestand und die Größe der einzelnen Länder betrifft, so hat es die n. R. V. unterlassen, in dieser Beziehung auf sie irgendwie mit Zwang einzugreifen. Dennoch ist der ganze Aufbau der organisatorischen Bestimmungen der R. V., namentlich der Ausschluß Preußens von einer besonderen Einflußnahme auf die Reichsleitung, überhaupt die Beseitigung aller Bestimmungen, welche die rechtliche Grundlage für die Hegemoniestellung Preußens im Reich waren, darauf berechnet, daß innerhalb des Reichs nicht ein 4/7 aller Einwohner umfassender Großstaat und daneben eine Reihe kleinster Gebilde bestehen, daß vielmehr die preußischen Provinzen sich verselbständigen und die kleinen sich zu größeren vereinigen sollten. In dieser Beziehung nun eben haben sich die Erwartungen der Verfassungsgesetzgeber bis jetzt nicht erfüllt. Mit Mühe und Not haben sich 8 thüringische Kleinstaaten zu einem Land zusammengeschlossen (vgl. oben S. 28), aber die beiden Lippe, Anhalt, Mecklenburg-Strelitz neben Mecklenburg-Schwerin fühlten sich doch verpflichtet, ihr Sonderdasein im neuen Reich fortzusetzen[1]) und ihre jetzigen Machthaber wachen über die Selbständigkeit ihrer Ländchen mindestens ebenso eifersüchtig, wie zuvor ihre Fürsten. Und andererseits zeigt Preußen noch immer keine Lust, sich in Provinzen aufzulösen. Selbst die Bewegung auf eine ganz bescheidene Steigerung der Provinzialautonomie macht keine großen Fortschritte.

Blieb aber Preußen ungeteilt, dann mußte sich die Stellung, die ihm die n. R. V. unter Beseitigung aller früheren Hegemonialrechte zuwies, als ungenügend ergeben. Mit seinem gewaltigen Beamtenapparat hat

---

Vergleiche mit der bisherigen Regelung, dem Sprachgebrauch der n. R. V. sowie auch der neuen Landesverfassungen und ferner aus dem Vergleiche mit etwa entsprechenden Staatsgebilden des Auslands Anhaltspunkte zu gewinnen suchen, ob es in der Richtung des üblichen, namentlich von der allgemeinen Staatslehre eingeführten Gebrauchs des Wortes „Staat" liegt, hier noch von Staaten zu sprechen. Und da ist nun zu sagen, daß trotz der oben erwähnten Abschwächungen der Eigengewalt der Reichsglieder und trotz ihrer Umbenennung in Länder durch die R.V. (die andererseits doch auch wieder von einer „Staats"gewalt der Länder spricht, vgl. Art. 5 und ferner Art. 94, 119, 142—144, 150, 155) eine Betrachtung der Summe der den Ländern verbliebenen Rechte zu einer Bejahung ihrer Staatsqualität führen muß. Dasselbe ergibt namentlich auch ein Vergleich mit den Einzelstaaten der nordamerikanischen Union, die im ganzen kaum selbständiger dem dortigen Gesamtstaat gegenüberstehen (namentlich auch hinsichtlich ihrer Landesverfassungen ebenso gebunden sind wie unsere Länder durch Art. 17) und doch als Staaten unbedingt betrachtet werden. — Vgl. über diese Fragen Nawiasky „Der föderative Gedanke in und nach der Reichsverfassung" (Politische Zeitfragen 3. Jahrgang, 7. Heft, München 1921).

1) Waldeck, das schon seit mehr als 50 Jahren ganz von Preußen verwaltet wurde, hat neuestens wenigstens Schritte getan, sich auch staatsrechtlich mit Preußen zu vereinigen.

Preußen auch jetzt noch viel zu viel Macht, als daß sein Einfluß auf die Reichsleitung sich künstlich so zurückdrängen ließe, wie die Verfassung es vorsieht. Es braucht daher nicht zu überraschen, daß wir jetzt bemerken können, wie auch ohne Verfassungsbestimmungen sich Preußen tatsächlich doch wieder einen bedeutenden Einfluß auf die Reichsleitung erobert. So wird jetzt bekannt, daß zu innenpolitisch besonders wichtigen Sitzungen des Reichskabinetts das Preußische Staatsministerium oder mindestens einzelne Mitglieder desselben zugezogen werden, so erfährt man, daß es beinahe unmöglich ist, im Reichsrat eine Vorlage gegen den Widerstand Preußens durchzubringen, obwohl dieses nur 26 von den 66 Reichsratsstimmen hat.[1]) Ja es ist von sehr maßgeblicher Seite schon der Plan der Öffentlichkeit unterbreitet worden[2]), doch wieder eine Personalunion zwischen der Leitung des preußischen Staats und der Reichsleitung herzustellen. Dies zeigt, wie stark entgegen den Absichten der neuen Verfassung die Entwicklung in diesem Punkt auf Annäherung an den früheren Standpunkt geht.

Was die Frage der Organisation der Reichsgewalt und der daraus sich ergebenden Regierungsform betrifft, so schwebte bekanntlich den Urhebern der Verfassung in erster Linie das Schema der parlamentarischen Regierung vor. Von der Sozialdemokratie seit Jahrzehnten als nächstes Ziel, von der bürgerlichen Linken ebenfalls seit langem, jedoch nicht mit derselben Entschiedenheit angestrebt, wurde sie als Mittel betrachtet, das alsbald eine Fülle bis dahin gefesselter politischer Talente freimachen würde, und konnte jetzt, nach dem Wegfall der Monarchie, völlig ungehemmt durchgeführt werden.

Innerhalb der verschiedenen möglichen Ausgestaltungen der parlamentarischen Regierung war es die englische mehr als die französische, der man sich zu nähern hoffte. Die französische erhält ihre Eigentümlichkeit durch eine ganz besonders geringe Selbständigkeit der Exekutive, vor allem eine sehr unbedeutende Stellung des Präsidenten, der namentlich auch vom Recht der Auflösung der 2. Kammer praktisch keinen Gebrauch machen kann. Aus dem letzteren Grund spielt in Frankreich, in starkem Gegensatz zu England, das Volk gegenüber der Volksvertretung wirklich nur bei den Wahlen eine Rolle und alle politische Macht ruht in einem Maße beim Parlament und dem von ihm

1) Die Vertretung Preußens ist an sich hiernach verhältnismäßig stärker als im früheren Bundesrat, wo es 17 von 58 bzw. 61 Stimmen hatte (vgl. oben S. 16). Seit jedoch die Hälfte der preußischen Stimmen von den durch die preußischen Provinzialverwaltungen gewählten Vertretern geführt wird, d. h. seit Mitte 1921 (vgl. oben bei Art. 63) ist in dieser Beziehung eine erhebliche Veränderung eingetreten, weil tatsächlich die Provinzialvertreter nicht nach den Weisungen der Zentralregierung stimmen.

2) In dem aufschlußreichen Artikel von Koch, dem damaligen Minister des Innern, über Vereinheitlichung und Vereinfachung der Reichsverwaltung (Deutsche Juristen-Zeitung von 1921, S. 281—303).

abhängigen und auf seine Stimmungen sehr empfänglich reagierenden Kabinett, daß man ohne große Übertreibung von einem Parlamentsabsolutismus in Frankreich sprechen kann.[1])

Eine solche fast unbeschränkte Herrschaft des Reichstags bzw. der in ihm herrschenden Parteien wollte die neue deutsche Reichsverfassung nun ausgesprochenermaßen vermeiden.

Sie hat allerdings, um dies zu erreichen, nicht etwa ernstlich die Gewaltenteilung durchführen wollen. Zwar könnten die Überschriften des 5. bis 7. Abschnitts: „Reichsgesetzgebung — Reichsverwaltung — Rechtsprechung" diesen Anschein erwecken. Wie aber oben (S. 73) schon gezeigt, wird im 6. Abschnitt nicht eine selbständige Exekutivgewalt begründet oder näher umschrieben, sondern in der Hauptsache die Aufgabenverteilung zwischen Reich- und Gliedstaaten, die der erste Abschnitt begonnen hatte, fortgesetzt. Die Stellung des wichtigsten Exekutivorgans, der Reichsregierung, ist nicht hier, sondern im 4. Abschnitt geregelt, und zwar im Sinne einer auch rechtlich ausgedrückten Abhängigkeit der Exekutive von der Legislative, mit der sachlich die Ablehnung der Gewaltentrennung gegeben war.

Allerdings ist das andere oberste Exekutivorgan, der Reichspräsident, mit einer gewissen Selbständigkeit gegenüber der Volksvertretung ausgestattet. Und er sollte in der Tat mit der Stellung, die ihm die unmittelbare Volkswahl verleihen würde, das wichtigste Gegengewicht gegen Reichstag und Reichsregierung bilden. Aber es ist sehr fraglich, ob das erreicht worden ist. Wie weit es der Fall sein wird, läßt sich zur Zeit deshalb noch nicht genau sagen, weil bis jetzt noch keine Präsidentenwahl stattgefunden hat. Gegenüber dem aus der Wahl durch die Nationalversammlung hervorgegangenen jetzigen ersten Präsidenten wird der künftige sicherlich eine stärkere Stellung haben, vor allem dann, wenn er mit absoluter Mehrheit gewählt sein wird. (Dies ist nach unserem Präsidentenwahlgesetz — oben S. 53 — im Gegensatz zum Recht der amerikanischen Präsidentenwahl allerdings nicht unbedingt gesichert). Aber auf alle Fälle wird seine Stellung der des amerikanischen Präsidenten nicht gleichkommen, da der deutsche Präsident nicht wie jener zugleich Ministerpräsident ist, nicht nur Staatssekretäre unter sich, sondern ein parlamentarisches Kabinett mit einem Ministerpräsidenten neben sich hat. Die Bestimmungen über den Reichspräsidenten stellen bei näherem Besehen überhaupt eine merkwürdige

1) Redslob hat in seinem Werk „Die parlamentarische Regierungsform in ihrer wahren und in ihrer unechten Form" (1918), die französische Ausbildung als unechten, die englische als echten Parlamentarismus bezeichnet. Dies ist jedoch willkürlich. Mit mehr Recht könnte man die französische Form als den reinen, die englische als den gemilderten Parlamentarismus bezeichnen. Redslobs Auffassung von den verschiedenen Arten der parlamentarischen Regierung ist nicht ohne Einfluß auf den Werdegang der deutschen Verfassung gewesen, vgl. darüber Lukas, Die organisatorischen Grundgedanken der deutschen Reichsverfassung 1920, S. 27 ff.

und nicht sehr logische Kombination zweier Systeme dar. Dem gewaltigen Aufwand einer unmittelbaren Volkswahl, die dem so erkorenen Organ an sich größte Macht und Bedeutung zu verschaffen geeignet ist, steht gegenüber, daß er in Wirklichkeit nur eine sehr begrenzte Zahl von Befugnissen hat, und daß auch diese wenigen dank seiner Abhängigkeit vom Kabinett ihm mehr oder weniger nur formell zustehen. Der Berufung nach gleicht der deutsche Präsident dem ungeheuer mächtigen Präsidenten der gewaltentrennenden amerikanischen Republik, der Stellung nach soll er dem machtlosen Präsidenten der gewaltenvereinigenden französischen Republik gleichen.[1]) Was die Staatspraxis aus dieser schlecht überlegten Zusammenfügung machen wird, ist erst abzuwarten.

Weiter bildet ein gewisses Gegengewicht gegen Reichstag und Reichsregierung der Reichsrat. Schon nach der Verfassung nur ein schwaches Abbild des früheren Bundesrates, scheint er in seiner tatsächlichen Funktion noch schwächer zu sein; namentlich kann er es kaum wagen, von seinem Einspruchsrecht gegen die vom Reichstag beschlosse-

1) Nawiasky (Grundgedanken der Reichsverfassung, 1920) nennt deshalb die Figur des deutschen Präsidenten nach der n. R. V. mit Recht verzeichnet. — Auf die Unstimmigkeiten, welche eine solche Regelung der Stellung des Präsidenten zur Folge haben mußte, ist schon im Laufe der Verfassungsberatung von verschiedenen Seiten aufmerksam gemacht worden (u. a. auch von mir in einem Artikel: Zur Stellung des Reichspräsidenten, Köln. Ztg. vom 19. März 1919). Es war damals auch von verschiedenen Seiten angeregt worden, daß der Präsident wenigstens für einige besonders wichtige Regierungsakte, wie namentlich Auflösung des Reichstags und Herbeiführung einer Volksentscheidung, von der Gegenzeichnungspflicht befreit werden möchte. Da dies nicht geschehen ist, erscheint es als wahrscheinlich, daß er von diesen Befugnissen kaum je wird Gebrauch machen können. — Daher vollzieht sich auch — mindestens bis jetzt — die Regierungsbildung im Reich nicht, wie das bei der Abfassung der Art. 51 ff. eigentlich gedacht war, so, daß der Reichspräsident einigermaßen frei sich unter den führenden politischen Persönlichkeiten einen Reichskanzler aussuchen würde, der seinerseits entsprechend den von ihm bestimmten politischen Richtlinien die übrigen Kabinettsmitglieder dem Reichspräsidenten vorschlagen würde, sondern der Reichspräsident muß den Reichskanzler nehmen, den ihm die Fraktionen präsentieren und auch die übrigen Mitglieder des Kabinetts werden von den Fraktionen bestimmt. Im Unterschied von England, wo die politischen Führer sich nicht nur ihre Mandate, sondern gewissermaßen auch ihre Ministerfunktionen von den Wählern ihres Wahlkreises bestätigen lassen, hat also bei uns das Volk, d. h. die Wählermassen, auf die Regierungsbildung nur einen ganz schwachen, indirekten Einfluß, dafür sorgt schon die (noch zu berührende) Art unseres Wahlrechts. — Vgl. hierüber Erich Kaufmann, Die Regierungsbildung in Preußen und im Reich, Westmark I, S. 205—218 (März 1921).

nen Gesetze Gebrauch zu machen. In Beziehung auf die Mitwirkung bei der obersten Reichsverwaltung hat er sich dagegen in manchem die Stellung des früheren Bundesrats wieder erobert; dies gilt namentlich für seine Zustimmung zu Ausführungsverordnungen (vgl. oben bei Art. 77).

Rechtlich noch schwächer ist die Stellung des Reichswirtschaftsrats. Und doch hat sich seine durch Parteipolitik weniger beeinflußte Arbeit bei wirtschaftlichen und sozialen Gesetzesvorlagen jetzt schon in der Tat als sehr nützlich, ja unentbehrlich erwiesen. Andererseits bedeutet aber der Reichswirtschaftsrat neben dem Reichstag und Reichsrat, je mit einer ganzen Menge paralleler Ausschüsse, eine auf die Dauer unerträgliche Vielheit von obersten beratenden Organen[1]), die es untunlich erscheinen läßt, daß sich der Reichswirtschaftsrat über seine begutachtende Funktion hinaus auch zu einem vollen Parlament entwickelt, wozu er gewisse Neigung zeigt.

Noch bleibt aber diejenige Einrichtung zu betrachten, die das wirksamste Gegengewicht gegen den parlamentarischen Absolutismus bilden sollte, der Volksentscheid und das Volksbegehren. Weil nichts von den Einrichtungen einer vollkommenen Demokratie fehlen durfte, hat man auch ihnen in der n. R. V. einen breiten Raum vergönnt, ohne zu bedenken, ob sich diese Art staatlicher Willensbildung auf ein Reich von 60 Millionen Einwohnern eigentlich so ohne weiteres übertragen lasse. Nicht weniger als sechs Möglichkeiten der Herbeiführung eines Volksentscheids kennt, wie oben gezeigt, die Verfassung — noch nicht von einer einzigen ist bis jetzt Gebrauch gemacht worden und es ist auch sehr wohl möglich, daß wir in 10 Jahren noch dasselbe festzustellen haben. Denn wer soll den Riesenapparat einer Abstimmung durch etwa 40 Millionen Stimmberechtigte in Szene setzen? Tatsächlich können dies doch wieder nur die politischen Parteien tun.[2]) Sie aber

1) Man bedenke, daß dazu noch kommen der preußische Landtag und der preußische Staatsrat (wiederum mit vielen Ausschüssen), deren Aufgaben sich mit denen der obersten Reichsorgane vielfach überschneiden. Schwerer noch als die auch schon sehr großen unmittelbaren Kosten dieser Vertretungskörper wiegt der Nachteil, daß durch sie die Raschheit, Klarheit und Einheitlichkeit der Gesetzgebung aufs äußerste gefährdet wird, daß ein ständiges unnötiges Nebeneinander —, in sehr vielen Fällen auch ein schädliches Gegeneinanderarbeiten dieser verschiedenen Körper die Folge ist. Ferner bedenke man, wie folgenschwer die Arbeit der Ministerien durch die Pflicht, allen diesen Vertretungen und ihren Ausschüssen zur Verfügung zu stehen, an ihren Beratungen teilzunehmen, ihnen Material zu liefern usw. ständig gehemmt wird!

2) Auch rechtlich ist in den praktisch wichtigsten Fällen die Volksentscheidung insofern von der Zustimmung der Reichstagsmehrheit abhängig, als ihre Anordnung durch den Reichspräsidenten vom Reichskanzler gegengezeichnet werden muß, der sich gegen den Willen der Reichstagsmehrheit dazu nicht verstehen wird. Darum ist die Volksentscheidung ja auch nur scheinbar eine Waffe in der Hand des Reichspräsidenten gegen Reichstag und Reichsregierung.

haben ihre Spitzen in den Fraktionen des Reichstags und denen liegt es natürlich fern, von diesem Kontrollinstrument gegen sich selbst Gebrauch zu machen! Das ist die einfache Lösung des Rätsels, warum der Volksentscheid vorläufig noch auf dem Papier steht. Vielleicht wird aus Anlaß der Flaggenfrage oder sonst eines Problems, das keinen ganz parteipolitischen Anstrich hat, demnächst einmal ein Versuch mit dem Volksentscheid gemacht werden; daß er aber ein wirksames Gegengewicht gegen den Reichstag würde, ist so gut wie ausgeschlossen.

Wir sehen also, die vorgesehenen Gegengewichte erfüllen alle nicht so ganz ihre Funktionen. Obwohl wir mit Rücksicht auf die Möglichkeiten der Volksentscheidung unsere Verfassung eigentlich als gemischt-demokratische (nämlich aus Elementen der repräsentativen und unmittelbaren Demokratie gemischt), nennen müßten, ist sie der Wirklichkeit nach doch mehr eine rein repräsentative[1]) und obwohl der Parlamentsabsolutismus durch dieses und durch andere Gegengewichte vermieden werden sollte, kommt unsere Verfassung der Wirkung nach auf doch nicht viel anderes hinaus als einen solchen. Herrschaft des Parlaments bedeutet aber nichts anderes als Herrschaft von Parteien, und wenn daher in weiten Kreisen für die jetzige staatliche Einrichtung des Reichs (wie übrigens auch der meisten Länder) der Ausdruck Parteistaat als zutreffendste Bezeichnung betrachtet wird, so ist das nicht unbegründet.

Die Parteileitungen haben für ihre Herrschaft sogar besondere rechtliche Stützen erhalten in der Ausgestaltung des Reichstagswahlrechts. Sie ist ja so erfolgt, daß die Wähler sich tatsächlich meist nur für einen Wahlvorschlag, nicht für Personen zu entscheiden haben.[2]) Dies und der Umstand, daß es dem Wähler unmöglich gemacht ist, einen Namen wirksam von der Liste zu streichen, läßt ihn als ganz und gar den Parteileitungen untergeordnet erscheinen. Deren Wünschen wird das Wahlrecht allerdings weitgehend gerecht, aber ob man es in dieser Ausgestaltung noch wirklich demokratisch nennen kann, erscheint recht zweifelhaft.[3])

1) Trotz Initiative und Referendum, die in England fehlen, sind wir von der unmittelbaren Demokratie weiter entfernt als England, wo wegen der häufigen Auflösungen des Parlaments die Wahlen einen viel größeren Einfluß auf die Regierungsbildung haben als bei uns.

2) Vgl. das oben bei Art. 22 Gesagte. Hier tritt auch rechtlich jene Verschiebung des politischen Schwerpunkts von den Wählern und dem Plenum der Volksvertretungen auf die Parteien und die Parlamentsausschüsse hervor, die sich unmerklich schon seit Jahrzehnten vollzieht. Vgl. darüber Smend, Die Verschiebung der konstitut. Ordnung durch die Verhältniswahl, Festg. f. Bergbohm 1919, S. 278—87.

3) Der Zwang, wählen zu müssen, wen man gar nicht will, hat schon manche recht bittere Kritik hervorgerufen. So schreibt ein demokratischer Politiker nach den Wahlen von 1921: „Nie war ein Parlament weniger nach dem Willen des angeblich frei wählenden Volkes zusammengesetzt, als der deutsche Reichstag der Deutschen Republik 1921;

Die Folge dieses Wahlrechts ist namentlich eine Zerstörung jeden persönlichen Verhältnisses zwischen Wähler und Kandidaten, und dazu kommt noch, daß der Ausschluß von Nachwahlen ein wichtiges Barometer der Volksstimmung ausschaltet. — Mängel, die nachgerade auf allen Seiten als solche erkannt werden.[1])

Ziehen wir die Summe aus all dem, so haben wir festzustellen, daß wir trotz allen Bemühens der französischen Staatsform nähergekommen sind als einer anderen, obwohl sie uns nie vorbildlich erschien.[2]) Man kann überhaupt den Urhebern der Verfassung den Vorwurf nicht ersparen, daß sie gar zu geschäftig alles mögliche ausländischen Vorbildern entnommen haben und darüber das, was die politische Eigenart des deutschen Volkes erfordert, nicht genügend beachteten.[3]) Bis zu

---

ein halbes Dutzend Parteiführer haben dem Volke ihre Kandidaten aufoktroyiert; man hat, wenn man seinen Meyer im Reichstag haben wollte, die Herren Müller und Schulze gleichfalls wählen müssen; weil auch diese auf der Parteiliste standen und man bekanntlich die ganze Liste, nicht den einzelnen Mann seiner Überzeugung wählen durfte. (Viktor Hahn im Berliner „8-Uhr-Abendblatt", Nr. 219 vom 17. Sept. 1921.)

1) So spricht z. B. gelegentlich Dove von einer „bei uns schon sehr verhängnisvoll gewordenen Wirkung des unglückseligen Verhältniswahlsystems, welches das Niveau des Parlaments so furchtbar herabdrückt" (Jur. Wochenschr. 1921, S. 562).

2) Wir haben früher immer mit einem gewissen Überlegenheitsgefühl davon gesprochen, daß Frankreich in der Zeit von 1871—1914 über 40 Ministerien erlebte und die Nachteile als schwer betrachtet, die sich aus solcher Unstetigkeit der obersten Leitung eines Staatswesens ergeben müssen. Nun haben wir alle Aussicht, jene Zahl von Ministerwechseln in derselben Zeit auch zu erreichen, ja zu übertreffen.

3) Mehr noch als für das Reich gilt dies für die Landesverfassungen. Die Art wie auch sie fast alle — mit Ausnahme eigentlich nur von Lübeck — in möglichst getreuer Ausführung des vom Ausland übernommenen Schemas der parlamentarischen Regierung das Heil sahen und damit trotz der Elemente unmittelbarer Demokratie, die auch hier vielfach wirkungslos bleiben dürften, meist auf mehr oder weniger entschiedenen Parlamentsabsolutismus herausgekommen sind (vgl. darüber Koellreutter, Das parlamentarische System in den deutschen Landesverfassungen, 1921), wird einer späteren Zeit schwerlich als sehr rühmlich erscheinen. Hätte man etwas mehr an den berechtigten Kern der deutschen Staatsauffassung angeknüpft, so wären mindestens die Mittel- und Kleinstaaten eher zu einem System gekommen, das dem schweizerischen entspricht, wie es sich dort in gerader Linie aus gut deutschen Einrichtungen entwickelt hat. In dieser ältesten und freiesten Demokratie gilt nach wie vor der von uns jetzt als undemokratisch bezeichnete Satz, daß höchste Beamtenstellung und Abgeordnetenstellung besser voneinander geschieden werden, weshalb dort die Bundesrats-

einem gewissen Grade sind wir auch wieder in den Fehler von 1848 zurückverfallen: Wir haben die Verfassung zu sehr von Ideen aus konstruiert, zu wenig die realen Umstände gewürdigt, die ihrer Durchführung entgegenstehen, und das ist in diesem Falle vor allem der Mangel an politischer Reife und Schulung unseres Volkes, der sich nicht mit einem Schlage beheben ließ, und wegen dessen diese Verfassungseinrichtungen nun vielfach ganz anders wirken als sie wirken sollen.

Über die Grundrechte etwas Einheitliches zu sagen, ist nicht wohl möglich. Nicht unzutreffend hat man sie „ein unverbundenes Nebeneinander von widerstrebenden Weltanschauungen" genannt[1]), deren Bestes nicht selten ist, daß der zunächst ausgesprochene Grundsatz dank den gemachten Vorbehalten und Ausnahmen schließlich zu nichts verpflichtet. Doch soll nicht verkannt werden, daß die Niederlegung eines so ausführlichen Wirtschafts- und Kulturprogramms auf alle Fälle wertvolle Anstöße für die künftige Gesetzgebung gibt. Erst deren Weiterführung wird ein abschließendes Urteil über die Bedeutung dieser Grundrechte gestatten.

Nachdem wir so mit der Kritik der Verfassung nicht zurückgehalten haben, soll zum Schluß doch auch an einen obersten Satz allen Verfassungslebens erinnert werden: Daß wichtiger als die geschriebene Verfassung selbst die Art ist, wie von ihr Gebrauch gemacht wird! Zunächst muß das Ziel sein, daß diese Verfassung auch wirklich durchgeführt und von allen Seiten geachtet wird — auch vom Reichsgesetzgeber selbst! Unter diesem Gesichtspunkt kommt der Tätigkeit des Staatsgerichtshofs, ebenso wie der Frage, ob auch der gewöhnliche Richter berechtigt ist, Reichsgesetze auf ihre Verfassungsmäßigkeit zu prüfen[2]), große Bedeutung zu. Unter diesem Gesichtspunkt müssen aber auch gegen die schon wieder einreißende Unsitte der stillschweigenden Verfassungsänderungen, die leicht ohne das nötige Verantwortungsgefühl beschlossen werden, große Bedenken erhoben werden.

Alle aber, die von der Mangelhaftigkeit dieser Verfassung überzeugt sind, die ihre Mängel vielleicht für noch größer halten als sie hier geschildert würden — sie alle haben die Pflicht, durch Arbeit am Staat die Vorbedingungen für ihre Verbesserung zu schaffen!

---

mitglieder (die unseren Ministern entsprechen) nicht zugleich Abgeordnete sein können.

Man kann sich auch des Gedankens nicht erwehren, daß unsere verfassunggebenden Volksvertretungen etwas gar zu sehr darauf bedacht waren, in den Verfassungen vor allem die Stellung der Volksvertretung zu sichern. Der Gesichtspunkt, daß sie die Pflicht hatten, objektiv die Bedeutung der verschiedenen Organe in ihrem Verhältnis zueinander zu würdigen, ist von diesen Volksvertretungen, die auch sonst gar zu rasch wieder sich als Reichstag bzw. Landtage fühlten, nicht genügend beachtet worden.

1) So Nawiasky, Grundgedanken, S. 119.

2) Vgl. oben S. 82. Die beste Lösung der Frage wäre, auch diese Prüfung dem Staatsgerichtshof zuzuweisen.

Sachregister.

(Die Zahlen ohne Zusatz bedeuten die Seiten; bei wichtigeren Stichworten sind die Artikel in Klammern mit angegeben.)

GPSR Compliance

The European Union's (EU) General Product Safety Regulation (GPSR) is a set of rules that requires consumer products to be safe and our obligations to ensure this.

If you have any concerns about our products, you can contact us on ProductSafety@springernature.com

In case Publisher is established outside the EU, the EU authorized representative is:

Springer Nature Customer Service Center GmbH
Europaplatz 3
69115 Heidelberg, Germany

Batch number: 10831892

Printed by Printforce, the Netherlands